मांस उत्पादन एंव पैकेजिंग तकनीक

आर. थोमस
एस. कुमार

Today and Tomorrow's Printers and Publishers
4436/7, Ansari Road, Daryaganj, New Delhi - 110 002
Ph : 23242621; 23241021; Fax 23242621;
E-mail: ttpp@vsnl.net, ttppindia@gmail.com
Web : ttpp.in

ISBN 10: 81-7019-669-9
ISBN 1: 9788170196693

Published by
Today and Tomorrow's Printers and Publishers
4436/7, Ansari Road, Daryaganj, New Delhi - 110 002 (India)
Ph : 23242621; 23241021; Fax 23242621;

अग्रेषित

प्रोटीन मानव भोजन का महत्वपूर्ण हिस्सा है। प्रत्येक व्यक्ति के लिए एक ग्राम प्रोटिन/कि.ग्रा. शारीरिक वजन के अनुरूप की जरुरत होती है। प्रत्येक व्यक्ति के जरुरत ६० ग्राम प्रोटिन की मात्रा में सें २०-२५ ग्राम प्रोटीन जैव मूल जैसे दुध, अण्डा, मांस या मछली इत्यादि से होना चाहिए। भारत की अधिकत्तर जनसंख्या मांसाहारी है जिसमें चिकन, मछली, पोर्क, मटन, चिवॉन तथा कैरा बीफ खाया जाता है। उत्तरपूर्वी पहाड़ी क्षेत्रों कें लोग मुख्यत: पोर्क खाते हैं। देश के अन्य हिस्सों में भी लोग पोर्क को महता देते हैं।

मांस को रसोईघर के खाने की तरह या प्रसंस्कृत उत्पाद की तरह खाया जाता है। भारत में मांस उत्पादों की स्थिति बहुत अच्छी नहीं है यद्यपि विश्व स्तर पर इनकी लोकप्रियता तथा मांग बढ़ रही है। भा.कृ.अनु.प.- राष्ट्रीय सुकर अनुसंधान केंद्र में सुकर मांस प्रसंस्करण केवल पोषक तत्व परिपूर्ण मानव खाद्य के कारण ही नहीं अपितु खाने योग्य अवयवों का पूरी तरह से उपयोग एवं स्वयं आधारित मांस उत्पादों के कारण भी एक अभिन्न अंग रहा है। इसके फलस्वरुप मांस प्रसंस्करण छोटे पैमाने पर ग्रामीण क्षेत्रो में जीविका का अंग हो सकता है।

भा.कृ.अनु.प. - राष्ट्रीय सुकर अनुसंधान केंद्र ने शुरू से ही पोर्क प्रसंस्करण क्षेत्र को देश में विभिन्न तरह की यांत्रिकी प्रयोग द्वारा शोध और प्रशिक्षण के लिए लोकप्रियता दिलाने में पहल की है। इन शोधों तथा प्रशिक्षण से मिले अनुभव के कारण निर्णय लिया गया कि पोर्क प्रसंस्करण पर औद्योगिक पहल की जाए ताकि सुकर मांस क्षेत्र कों औद्योगिक बढ़ावा मिल सके।

यह पुस्तक संगठित अध्यायों में रंगीन चित्रों के साथ लघु से मध्यम मांस प्रसंस्करण क्षेत्रों के लिए महत्वपूर्ण है। उम्मीद है कि यह पुस्तक न केवल मांस प्रसंस्करण केंद्रों अपितु जो लोग प्रशिक्षण लेकर मांस व्यवसाय शुरू करना चाहते है, उनके लिए भी लाभकारी सिद्ध होगी।

लेखकों के अनुभव के आधार पर इस पुस्तक में जो प्रयोग लिखे गए है वह आमतौर पर मांस प्रसंस्करण पुस्तकों में नहीं होते। आशा है यह पुस्तक मांस प्रसस्कंरण कार्यों के लिए प्रथम प्रकार के दिशा-निदेशों का काम करेगी। तकनीकी भाग को सरल भाषा में लिखा गया है ताकि प्रसंस्करण-कर्मी आसानी से समझ सके।

डा. एन. कोन्डय्या
पूर्व निदेशक,
भा.कृ.अन.स.–राष्ट्रीय मांस अनुसंधान केंद्र
चेंगीचर्ला, बोड्डुप्पल, हैदराबाद – 500 092

दिनांक : ---------२०१९

प्रस्तावना

मांस उत्पाद निर्माण में, आधारभुत प्रसंस्करण तकनीकियां जैसे कटिंग तथा मिक्सिंग पूर्ण उत्पाद के प्रकार तथा गुणवता को देखते हुए विभिन्न प्रकार के अतिरिक्त उपचारों एवं विधियों पर निर्भर करती है। इन प्रकार की तकनीकियो में क्युरिंग, सिजनिंग, स्मोकिंग, केसिंग या सख्त कन्टेनर में भरना, वैक्युम पैकेजिंग, कुकिंग या केनिंग/स्टीरीलाइजेशन शामिल है। इन विधियो की महता तथा अपटुडेट तकनीनियों की उपलब्धता के कारण सभी विधियां तथा जरुरी उपकरण अलग–अलग अध्यायो मे दिए गए है। परन्तु ये संबधित पुस्तक में संबधित उत्पादों के समूह में भी दिए गए हैं।

लेखकों ने इस प्रकशन में अभ्यासों की श्रृंखला सम्मिलित की है जो मांस प्रसंस्करण में महत्वपूर्ण है जबकि आमतौर पर यह अन्य मांस प्रसंस्करण पुस्तकों में नही होती या फिर अपर्याप्त होती है। लघु व मध्यम क्षेत्रों को ध्यान में रखते हुए इस पुस्तक में मांस प्रसंस्करण गतिविधियो के दिशा–निर्देश दिए गए है। तकनीकी सामग्री को साफ व आसान तरीकों में लिखा गया है ताकि मांस प्रसंस्करक आसानी से समझ सके। यह पुस्तक विकाशील देशो के मांस प्रसंस्करकों हेतु लिखी गई है जो अपनी वर्तमान विधियों को बढ़ावा दे सकते हैं तथा उनके लिए भी जो विशेष खाद्य क्षेत्र में रोचकता रखते है।

यह पुस्तक भा.कृ.अनु.प.– राष्ट्रीय सुकर अनुसंधान केंद्र के आर.एड.डी. पोर्क प्रसंस्करण प्लांट में हुई शोध और दिए गए प्रशिक्षणों पर आधारित है। शोध कार्य विभिन्न प्रोजेक्टस के अंतर्गत किए गए जिससे प्रयोगों तथा विकाशील कार्यो हेतु कर्मचारी तथा उपकरण मिले, जिसके लिए हम आभारी है। डॉ. नशरीन जेविन, डॉ रूपा साह एवं डॉ भास्कर ज्योति पेगु का योगदान प्रशंसनीय है। राना काकती (तकनीकी आस्टिंट) की मेहनत का योगदान प्रशिक्षण करवाने में प्रशंसनीय है।

लेखक (स)

अध्याय

अध्याय-1
मांस प्रसंस्करण

मांस प्रसंस्करण में ताजे मांस की विशेषताएं बदल दी जाती है, जबकि इसके मांस होने की निहित विशेषता प्रसंस्करण के बाद वैसी ही रहनी चाहिए। विभिन्न प्रकार की गैर मांसीय चीजे मांस उत्पादों में डाली जाती है जिन्हें सामान्य रूप से एक्सटैंडर, बाइंडर और फिलर कहा जाता है। इनका मांस उत्पादों मे डालने का अलग-अलग उद्देश्य है जिनमें से कुछ का विवरण इस प्रकार है जैसे कि पायसन स्थिरता को बढ़ाना, पानी बांधने की क्षमता को बढ़ाना, फ्लेवर को बढ़ाना, पकाने के समय सिकुरण को कम करना, टुकड़े करने की विशेषता को बढ़ाना और प्रक्रिया की कीमत कम करना आदि।

मांस प्रसंस्करण वह प्रक्रिया है जिसमें मांस का प्राकृतिक रूप भौतिक व रसायनिक रूप से बदला जाता है। मोटे तौर से इसमें ग्राइंडिग, क्योङ्करग, स्मोङ्कग, कुङ्कग, कैङ्कनग, फ्रीङ्कजग, किणवन, नमी हटाना, कम नमी के उत्पाद बनाना और कुछ एडिटिव का प्रयोग जैसे कि मसाला डालना, रयासन व एन्जाइम आदि आते है। प्रसंस्करण में ताजे मांस की विशेषताएं बदली जाती है जबकि इसके मांस होने की निहित विशेषता वैसी ही रहनी चाहिए। मांस प्रौद्योगिकी व्यवहारिक विज्ञान का प्रयोग है जिसका यथार्थ या औद्योगिक उपयोग है। यह वैज्ञानिक और आधुनिक ज्ञान का प्रयोग है कि मांस उत्पादन के लिए संहार, प्रसंस्करण, परिवहन, भंडारण और बाजारीकरण आदि आसान प्रक्रियाएं हैं। इन सबका इस तरह से प्रयोग करें कि इनका पारंपरिक तरीके की बजाय बेहतर यथार्थ प्रयोग हो।

मांस उत्पादों के आसार

हमारा उद्देश्य है कि प्रौद्योगिक व यंत्रों का प्रयोग करके मांस उत्पादन को बढ़ाना व उत्पादन कीमत को कम करना, उत्पाद विभिन्नता को बढ़ाना, सह उत्पादों का प्रयोग, सैल्फ-लाइफ को बढ़ाना, क्वालिटी कंट्रोल को विकसित करना, प्रबंधन प्रणाली को विकसित करना व मांस उत्पादों को सही रूप देना। मांस उत्पादों का निम्नकरण इसलिए भी जरूरी है ताकि आयात कम हो व घरेलू उद्योग को हानि न हो। संसाधित सुकर मांस उत्पादों की कुछ मात्रा पैदा की जाती है जो कि कम दामों पर उपलब्ध सुकर मांस की तुलना में बहुत कम है। प्रसंस्करण प्रौद्योगिकी वैश्विक प्रतियोगिता, ऊर्जा संरक्षण व सामाजिक-परिस्थितिक मित्रता पर केंद्रित होनी चाहिए।

मांस प्रसंस्करण संगठित व गैर संगठित दोनों विभागों में होता है। संगठित प्रसंस्करण पेशेवरों की देख–रेख में यह विश्वास दिलाता है कि सही प्रकार की उत्पाद सुरक्षा व सहनीय कीमत उपभोक्ता को दी जाए। मांस आधारित उत्तेजित भोजन उद्योग का भारत में बहुत उपयोग है। अंतर्राष्ट्रीय खाद्य उद्योग भारत में पहले से ही स्थापित हो गया है। जैसे ही बाधाएं हटाई जाती है, आयातीय मांस व मांस उत्पाद बाजार में उपलब्ध होगें। वैश्वीकरण उपभोक्ताओ के लिए उत्पादों का चुनाव प्रस्तुत करता है। सुविधाजनक तेज खाद्य पदार्थों की मांग दिन–प्रतिदिन बढ़ रही है। इसका कारण है – तेजी से बढ़ता औद्योगिकीकरण व बाजारीकरण, जीने के उच्च सिद्धांत और बढ़ती महिला कार्यशक्ति। बढ़ती साक्षरता और स्वास्थ्य जागरूकता भी उपभोक्ता के खरीदने के स्वभाव को प्रभावित करती है। खाद्य उपभोग स्वभाव में बदलाव, अनाजों से दुग्ध व मांस पदार्थों में दिखाई देता है और यह बदलाव उच्च खरीद क्षमता के साथ मध्यमवर्गीय श्रेणी में ज्यादा दिखता है।

मांस प्रसंस्करण की आवश्यकताएं

सफलतापूर्वक मांस प्रसंस्करण की निम्नलिखित आधारभूत जरूतते है –

- स्वस्थ पशुओं का खाद्य प्लांट तक लगातार भेजना।
- जीवित पशुओं का वैज्ञानिक परिवहन।
- स्लॉटर हाउस लॉराज व संहार यंत्रों के साथ।
- आधुनिक प्रसंस्करण यंत्र
- पोर्क उत्पाद अच्छी रेसीपी के साथ विकसित करना।
- वैज्ञानिक पैकेङ्किजग, शीत भंडारण व बाजारी उपलब्धताएं।
- सह–उत्पाद उपयोग की सुविधाएं।
- तकनीकी मानव शक्ति।

मांस प्रसंस्करण के आधारभूत तरीके

कमीन्यूशन : यह एक प्रक्रिया है जिसमें कच्चा मांस छोटे–छोटे टुकड़ों में विभाजित किया जाता है। इस तरह घटित कणों में समान रूप से मसाला मिलाने पर बड़े पशुओं के मांस की टेंडरीकरण बढ़ाने में मदद करता है और पकाने में ईंधन खपत को कम करता है। कमीन्यूशन मांस मिन्सर की मदद से किया जाता है और बाऊल चोपर पायशन बनाने के लिए प्रयोग किया जाता है। उदाहरण : सोसेज। गैर विखंडित मांस उत्पाद हैं – हैम, बैकन, कार्न–बीफ आदि।

पायशन : यह एक प्रक्रिया है जिसमें दो न मिलने वाले तरल पदार्थ आपस में मिलाए जाते है जिनमें से एक विसरित होता है छोटे–छोटे बूंदों के रूप में दूसरे तरल में। इसलिए पायशन

के दो रूप हैं – एक तो निरंतर अवस्था और दूसरी अविच्छिन अवस्था। अवस्थाएं आपस में अमिश्रणीय हैं क्योंकि इनके बीच में अवस्थीय तनाव होता है। मांस पायसन को स्थिर बनाने के लिए पायसनीय पदार्थों का उपयोग किया जाता है। मांस पायसन एक पानी में तैलीय पायसन का उदाहरण है।

सम्मिश्रण/पूर्व-मिश्रण : सम्मिश्रण संबंधित है, संयोजक मिश्रण से अर्थात कुछ रसायनिक और दूसरे पदार्थों का मिश्रण घटित मांस में प्रसंस्करण से पहले। उदाहरण : क्योङ्करग व सीजङ्कनग।

मांस-विस्तार : बहुत से प्रकार के गैर-मांसीय खाद्य पदार्थ मांस उत्पादों में मिलाए जाते है जिन्हें सामान्य रूप से एक्सटेंडर, बाइडर और फिलर कहा जाता है। मांस उत्पादों में इनके मिलाने के बहुत सारे उद्देश्य हैं जिनमें से कुछ का वर्णन इस प्रकार है जैसे कि पायसन, स्थिरता को बढ़ाना, पानी बाँधने की क्षमता को बढ़ाना, सुगंध को बढ़ाना, पकाने के दौरान सिकुड़न को कम करना, टुकड़े करने की विशेषता को बढ़ाना और बनाने की कीमत को कम करना। सामान्य उदाहरण है –

क) फिलर : सोया उत्पाद, आलू, स्टार्च।

ख) विस्तारक : गेहू, चावल, मटर, मक्का का आटा।

ग) बाइंडर : दूध पाउडर, सूखी लस्सी और सोडियम कैसिनेट।

प्रंसस्करणीय सुकर मांस उत्पादों का सूत्रीकरण

संसार में सैकड़ों प्रंसस्करणीय पोर्क उत्पाद हैं। कुछ बहुत सामान्य पोर्क उत्पाद हैं – हैम, बैकन, सलमी, सोसेज, लचीओन मांस, अचार, पेटीज, लोब्स, बाल्स, नगेट्टस, चकती और पोर्क स्नैकस उत्पाद।

- सूत्रीकरण का प्राथमिक उद्देश्य यह होना चाहिए कि यह एक जैसा दिखना चाहिए। इसका स्वाद, इसकी संरचना, इसकी पोषकीय क्षमता व भौतिक विशेषताएँ एक जैसी होनी चाहिए। उत्पाद ग्राहकों द्वारा पसंद किया जाना चाहिए।
- इसका दूसरा उद्देश्य यह है यह इसके गुणवत्ता सिद्धांतों को पूरा करने वाला होना चाहिए।
- तीसरा उद्देश्य यह है कि मांस घटक जैसे कि मांस वसा और सह-उत्पादों की मात्रा गैर मांस घटकों जैसे कि बाइंडर, विस्तारक, फिलर, मसाले, नमक आदि के अनुपात में ऐसी होनी चाहिए कि उत्पाद स्थिर और कीमत प्रभावी हों।

अध्याय-2

मूल्य संवर्धन और उत्पाद वर्गीकरण

मूल्य संवर्धित उत्पादों को फिर से प्रंसस्कृत किया जाता है ताकि उपभोक्ता को ये उत्पाद अधिक सुविधा के साथ प्राप्त हो सकें। उत्पाद उद्यौगों की वृद्धि किसानों को उनकी पैदावर के लिए अच्छी कीमत अनवरत दिलवाने का विश्वास दिलाती है और उपभोक्ताओं को विभिन्न उत्पाद प्रस्तुत करती है। गुणवत्ता वृधत उत्पाद मुख्य रूप से प्रंसस्करण, विभिन्नता, सुविधाजनक और कार्यान्वित के आधार पर वर्गीकृत हैं। सामान्य प्रंसस्करण तकनीकी गुणवत्ता वृधत मांस उत्पादों को तैयार करने के लिए इस प्रकार हैं – शुष्कीकरण, रेहण, क्यूङ्करग, स्मोङ्कग, कैङ्नग, एंड्रोङ्बग, पुनर्गठन, किण्वन और तापीय प्रभावकरण।

गुणवत्ता वर्धन, पशुधन स्त्रोतों की बढ़ी हुई मांग और अधिकता वापसी के साथ प्रभावी प्रयोग के लिए मुख्य मार्ग है। विकासशील देशों में मांस, अंडे और दूध की अधिक वृद्धि भारतीय पशुधन क्षेत्र में बढ़ी हुआ व्यापारिक अवसर के साथ एक सकारात्मक गुण है, उपभोक्ता की सुविधानुसार गुणवत्ता वृधत उत्पादों को फिर से प्रंसस्करित किया जाता है। उत्पाद उद्योग की वृद्धि किसानों को उनकी पैदावार के लिए एक नियमित व जायज कीमत दिलाति है और उपभोक्ताओं को विभिन्नता प्रस्तुत करती है। इसके अंदर एक बड़ा भाग मेहनत का शामिल होता है जहां भारत को संसार में सबसे कम मजदूरी होने का फायदा है। रोजगार क्षमता पर्याप्त होनी चाहिए।

गुणवत्ता वर्धित मांस उत्पादों की बनाने के लिए सामान्य प्रसंस्करित तकनीक

शुष्कीकरण : शुष्कीकरण का मुख्य उद्देश्य नमी कम करना होता है। यह खाद्य पदार्थों में पानी की सक्रियता को भी कम करता है इसलिए यह सूक्ष्म जीवों की वृद्धि को रोकता है। प्रयोग करने से पहले पुन:जर्लीकरण की आवश्यकता होती है। इसका मुख्य रूप से सेना के लिए प्रयोग किया जाता है। गुणवत्ता वृधत सूअर मांस उत्पादो के बनाने के लिए यह एक सामान्य विधि नहीं है।

रेहण व क्यूरिंग : नमक की अधिक साद्रता परासरण द्वारा पानी को बाहर निकाल देती है इसलिए सूक्ष्म जीवों की वृद्धि रूक जाती है। इसका दूसरा उद्देश्य रंग व सुगंध (स्वाद) को बनाए रखना होता है। इसका नुकसान यह होता है कि इसमें हैलोफाईल जीवाणु बढ़ सकते हैं। रेहण व क्यूङ्करग कुछ गुणवत्ता वृधत सूकर मांस उत्पाद के प्रंसस्करण का हिस्सा है।

धूम्रीकरण : धुएँ में फार्मोल्डिहाइड, फिनोल, एल्कोहल, क्रीसोल, एलिफेटिक यौगिक, एल्डीहाईड व कीटोन होते हैं जिनसे जीवाणुओं को रोकने का प्रभाव होता है। धुआँ मुख्य रूप से वनस्पतिक कोशिकाओं के विरुद्ध प्रभावी होता है यह सतही प्रोटीन को भी जमा देता है और सूक्ष्म जीवों के प्रवेश को रोक देता है। तरल धुँआ बेहतर होता है। कुछ कैंसर पैदा करने वाले व उत्परिवर्तन पदार्थ जैसे कि हैटरोसाइकलिक अमीन व पोलिसाइकलिक एरोमेटिक हाइड्रोकार्बन आदि धूम्रीकरण सूअर मांस उत्पादों के स्वाद व स्वीकार्यता को बढ़ा देते हैं।

कैनिंग (डिब्बाबंदी) : यह एक तापीय प्रंसस्करण का तरीका है। प्रसंस्करित उत्पाद भली–भांति सीलबंद डिब्बों में डाल दिए जाते हैं और फिर उष्मा दी जाती है (कम से कम 121डि.से.)। उसके बाद डिब्बे ठंडे किए जाते हैं और संग्रहित किए जाते हैं। डिब्बाबंद मांस पदार्थ खाने के लिए तैयार उत्पादों की श्रेणी में आते हैं।

इनरोबिग : मांस उत्पादों पर खाद्य पदार्थों की परत चढ़ाना। पूर्ण अण्डा और दूसरे अनाज उत्पाद इनरोबिग मांस उत्पाद बनाने के लिए उपयोग किए जाते हैं। इनरोबिग उत्पाद को एक कुंचित संरचना दी जाती है और खाने की गुणवत्ता को बढ़ावा मिलता है। उदाहरण : पोर्क–कट–लेटस, पोर्क–पेटीज और नगेटस आदि।

पुनर्गठन : यह एक प्रक्रिया है जिसमें कटे हुए मांस के टुकड़े को एक साँचे में डाला जाता हैं जिसका आकार प्राकृतिक लकीरों जैसा होता है। यह निम्न गुणवत्ता वाले मांस की कीमत बढ़ाने का अच्छा तरीका है। कटे हुए मांस के टुकड़े अच्छी तरह मिलाए जाते हैं क्योंकि इस प्रक्रिया में प्रोटीन सतह से बाहर निकलता है इसलिए एक नया पुनर्गठित उत्पाद बनाने के लिए अधिक दवाब दिया जाता है।

किण्वन : किण्वित मांस उत्पाद विशेष सूक्ष्म वनस्पति (लैक्टिक एसिड उत्पन्न करने वाली) जैसे कि लैक्टोबेसिलस, माइक्रोकोकस और पेडिकोकस इत्यादि से तैयार किए जा सकते हैं। जीवाणु एक ऐसा वातावरण बनाता है कि अन्य नुकसानदायक व खराब सूक्ष्म जीव विकसित नहीं हो सकते। आर्द्रता–मात्रा के आधार पर, तीन प्रकार के किण्वित पोर्क उत्पाद बनाए जा सकते हैं। उदाहरण : शुष्क, अर्द्ध शुष्क और आर्द्र। संग्रहण–समय को बढ़ाना, खाने को सुरक्षित रखना और संवेदक गुणों में सुधार इसके फायदे हैं।

तापीय प्रसंस्करण (पकाना) : पकाना अंदरुनी ताप पर होना चाहिए जो कि 65–7डि.से. से नीचे न हो। पकाने के दौरान कुछ परिवर्तन होते हैं – प्रोटीन का स्कंदन व विकृतीकरण, संयोजी उत्तक (कोलाजन) का जिलेटिन में परिवर्तन, कोमलता को बढ़ाना और भूरे रंग का विकसित होना व मांस उत्तक के संरचनात्मक परिवर्तन। सामान्यत: मांस व मांस उत्पाद तीन विधियों से पकाए जाते हैं।

- शुष्क तापीय-उष्मा से पकाना : शुष्क तापीय उष्मा से पकाना शामिल करता है या तो उबालना, भूनना व तलना। यह विधि कम संयोजी उत्तक जैसे कि सूअर मांस लॉयन क्यूरड हैम के लिए उपयुक्त है।

- तापीय-उष्मा से पकाना : यह विधि अपेक्षाकृत सख्त कटे हुए अधिक मात्रा में संयोजी उत्तक के लिए अनुशांशित है। दवाब-पकाना, सिहर, सिझाना व दम देकर पकाना आर्द्र तापीय पकाना के उदाहरण हैं।

- माइक्रोवेव कूङ्क्कग : यह एक आधुनिक व तीव्र विधि है। जब सूक्ष्मतरंग ऊर्जा ऊष्मीय ऊर्जा में बदलती है तब यह तापीय/ऊष्मीय ऊर्जा खाना आन्तरिक अणुओं के घूमने के घर्षण से पैदा होता है जो कि अणुओं की तेजी से बदलते हुए विद्युत चुम्बकीय स्त्रोत प्रतिक्रिया के कारण होता है। यह प्रक्रिया पुराने तरीके से कई गुणा तीव्र है।

गुणवत्ता-वृद्धिक मांस-उत्पादों की श्रेणियां

गुणवत्ता वृद्धिक उत्पादों विभिन्नता और सुविधा और कार्य के आधार पर वर्गीकृत किया जा सकता है जिसका संक्षिप्त विवरण इस प्रकार है।

महीन पोर्क उत्पाद : कम्युनिशन वह प्रक्रिया है जिसमें मांस को छोटे-छोटे टुकड़ों में बांट दिया जाता है, और सामान्य रूप से इसमें पीसना, काटना, टुकड़े करना आदि आते हैं। कम्यूनिटड मांस-उत्पादों के लिए पोर्क सबसे उपयुक्त होता है। प्रंसस्करण तकनीक या उच्च गुणवत्ता पोर्क-पेटीज, सोसेज, लोवस, ब्लॉकस, नगेटस, रोल्स और पुनर्गठित मांस उत्पाद के लिए उपलब्ध है। इन उत्पादों में पृष्ठीय वसा का मिलाना रोचकता और स्वादिष्टता को बढ़ा देता है। संवेदक गुणों को प्रभावित किए बिना और अधिक कई सारे कम कीमत वाले सह-उत्पाद जैसे कि पोर्क ङ्करगड, सिरका मांस हृदय का मांस आदि को इन उत्पादों में मिलाया जा सकता है।

पुनर्गठित पोर्क-उत्पाद : पुनर्गठन एक प्रक्रिया है जो सुविधाजनक मांस-उत्पादों को उनके मूल रूप में और कम्यूनिटिड उत्पादों के बीच की बनावट वाले उत्पादों को विकसित करने में प्रयोग किया जाता है। कुछ आधुनिक परसंस्करण तकनीकियां जैसे कि फ्लेङ्क्कअग और निर्वात मिश्रण को उत्पाद की मात्रा बंधक क्षमता बनावट और संवेदक गुणों को बढ़ाने के लिए प्रयोग किया जा सकता है।

इनरोबड : मांस उत्पाद इनरोबिग एक तकनीक है जिसमें मांस उत्पादों पर खाद्य पदार्थों की परत चढ़ाई जाती है ताकि उनकी मात्रा बढ़ सके और यह तकनीक उत्पाद को ऑक्सीजन और सूक्ष्म जीवों द्वारा खराब होने से बच जाती है।

क्यूरड और धूमीय पोर्क-उत्पाद : क्यूङ्करग पुरानी विधियों में से एक है जैसे कि इसमें नमक, चीनी और नाइट्रेड या नाइट्राइट संरक्षण के लिए, स्वाद बढ़ाने और रंग विकास के लिए मिलाया जाता है। लागू की गई सांद्रताओं में अधिकतर क्यूङ्करग अधिकर्ता सूक्ष्म जीवाणु और कवक को रोकने वाले होते हैं और ये ग्राम-ऋणात्मक जीवों के लिए घातक होते हैं। क्यूङ्करग की अलग-अलग विधियां है जैसे कि शुष्क-क्यूङ्करग (घटक मांस रगड़े जाते हैं), पिकल क्यूङ्करग (घटक पानी में मिलाए जाते हैं और इसको इमरसन या इंजेक्शन द्वारा लागू किया जाता है, ठंडी क्यूङ्करग (कम तापमान पर) और गर्म क्यूङ्करग (अधिक तापमान पर) ताकि क्यूङ्करग घटक अच्छी तरह प्रवेश कर सके। पूरी क्यूङ्करग प्रक्रिया को चार भागों में बांटा जा सकता है। जैसे कि क्यूङ्करग, नमक साम्यकरण, परिपक्वता, एङ्कजग और धूम्रीयकरण। क्यूङ्करग व धूम्रीकरण आकर्षक रंग विशेष स्वाद (बढ़ी मांस-उत्पादों की बढ़ी हुई सेल्फ लाइफ के साथ) देते हैं जो उन्हें उपभोक्ताओं में प्रसिद्धि प्रदान करते हैं।

सेल्फ स्थिर पोर्क उत्पाद : तापीय प्रसंस्करित पोर्क-उत्पादों का उत्पादन कैन या रिटॉर्ट थैलियों में बढ़ी हुई सेल्फ लाइफ के साथ कक्ष तापमान पर विसरण व बाजारीकरण को बढ़ाता है। सेल्फ स्थिर पोर्क सोसेज को विकसित करने के लिए हर्डल तकनीक का उपयोग करके साधारण तकनीक का माननीकरण किया जाता है।

मध्यम नमी के पोर्क उत्पाद : 15-5% नमी वाले पोर्क उत्पाद मध्यम रोचकता व बनावट के साथ, जीवाणुओं, कवक व खमीर की वृद्धि को रोकने वाले, जिनकी पानी/जल सक्रियता `.6 से `.85 के बीच में हो, जो स्वयं स्थिर सामान्य तापमान पर एक लंबे समय के लिए, उन्हें मध्यम नमी वाले पोर्क उत्पाद कहा जाता है। इनके बनाने में सोडियम क्लोराइड, ग्लिसरीन, लैक्टिक अम्ल व एन्टीऑक्सीडेन्टस के मिश्रण का प्रयोग किया जाता है।

किण्वित पोर्क उत्पाद : किण्वित पोर्क उत्पाद लैक्टिक अम्ल पैदा करने वाले जीवाणुओं जैसे कि लैक्टोबेसिलस माइक्रोकोकस और पैडियोकोकस का प्रयोग करके तैयार किए जा सकते है। जीवाणु कल्चर ऐसा वातावरण उत्पन्न कर देते है ताकि दूसरे खराब करने वाले व हानिकारक जीवाणु वृद्धि न कर सके। नमी की मात्रा पर आधारित 3 प्रकार के किण्वित पोर्क उत्पाद तैयार किए जा सकते है - शुष्क, अर्द्ध शुष्क व नमी वाले। संग्रहण समय का विस्तार, भोजन की सुरक्षा और संवेदक गुणों में बढ़ावा इसके फायदे है।

डिजाइनर पोर्क उत्पाद : डिजाइनर और कार्यवाही पोर्क उत्पादों के उत्पादन के लिए कम करके सोडियम व ऊर्जा को कम करके और वसा प्रतिस्थापक, रेशे व प्राकृतिक एण्टीऑक्सीडेंट का प्रयोग करके किया जा सकता है। हाइड्रोकोलॉइड वसा प्रतिस्थापक, सोडियम एल्जीनेट व कैरेजिनीन का मिश्रण कम वसा वाले मांस उत्पादों के संवेदक गुणों को बढ़ा देता है। आज के

समय में डिजाइनर पोर्क उत्पादों को बनाने के लिए जैव सक्रिय पेपटाइड का प्रयोग किया जात सकता है ताकि बीमारी से बचा सा सकते और स्वास्थ्य को सुधारा जा सके। एफएसएस कानून-26 के उपवाक्य 22 के अनुसार कार्यात्मक भोजन की परिभाषा इस प्रकार है - (i) विशेष आहार उपयोग के लिए भोजन या कार्यात्मक भोजन या न्यूट्रासूटिक्ल्स या स्वास्थ्यवर्धक अभिप्राय :

क) भोजन जो विशेष रूप से प्रसंस्कृत या बनाए जाते है, आहारीय आवश्यकताओं को पूरा करने के लिए जो एक विशेष भौतिक या शारीरिक स्थिति या विशेष बीमारियां या विकारों के कारण अस्तित्व में रहता है और जिसे दर्शाया जाता है, जिसमें खाद्य पदार्थों की रचनाएं साधारण खाद्य पदार्थों की रचनाओं की तुलनाओं में अलग होनी चाहिए, यदि ऐसे साधारण खाद्य पदार्थ अस्तित्व में है, और एक या अधिक निम्नलिखित घटक रखते हैं, जिनके नाम है - (क) पौधे या वनस्पति या उनके भाग चूर्ण, सांद या पानी में अर्क के रूप में पानी या ईथाईल एल्कोहॉल या जलीय एल्कोहल अर्क एकाकी और मिश्रण के रूप में (ख) खनिज या विटामिन या प्रोटीन या धातु या उनके यौगिक या एमीनो अम्ल (भारतीयों के लिए अनुशंसित दैनिक भत्तों की दैनिक मात्रा से कम) व एन्जाईमस (अनुमेय मात्रा में) (ग) पशुजन्य पदार्थ (घ) मानव द्वारा प्रयोग किया जाने वाला एक आहारीय पदार्थ भोजन का संपूरक पूरे आहार ग्रहण को बढ़ाकर।

परम्परागत पोर्क उत्पाद : स्वदेशी मांस-उत्पाद बहुत प्रसिद्ध है क्योंकि उनको बनाना आसान है और वे संवेदक गुणों और विशेष स्वाद में सबसे अलग हैं। उत्पादों की रूपरेखा और परंपरागत मांस-उत्पादों के मशीनीकरण को मानक रूप देने के लिए विचारणीय प्रगति की जा चुकी है जबकि परम्परागत मांस उत्पादों की बढ़ती हुई मांग को पूरा करने के लिए बहुत कुछ किया जाना बाकी है। बढ़ते औद्योगीकरण व शहरीकरण के कारण आने वाले वर्षों में परम्परागत मांस उत्पादों की मांग बढ़ना सुनिश्चित है। भारत की संपन्न विरासत परम्परागत खाद्य पदार्थों की विभिन्नताओं में योगदान देती है और खाद्य भोजन उत्पादन करने में एक अहम योगदान देती है। स्वदेशी पोर्क उत्पाद उत्तर-पूर्वी क्षेत्र में बहुत प्रसिद्ध हैं, इनके मसालेदार स्वाद के लिए विशिष्ट है और उनकी सरलता और बनाने की विधि आसान होने के कारण प्रसिद्ध हैं। बहुत सारी प्रसंस्कृत विधियों और औजारों के साथ जो कि खाद्य तकनीकों द्वारा दिए जाते है उनके वैज्ञानिक संकुलीकरण के साथ परम्परागत पोर्क उत्पादों की गुणवत्ता व सेल्फ लाइफ को वैश्विक मानकों तक बढ़ाया जा सकता है।

अध्याय-3

मांस प्रसंस्करण हेतु कच्ची सामग्री का चयन

मांस को मांस उत्पादों में बदलने का पहला कदम उत्पाद से संबंधित कच्चे पदार्थों का चयन है। इसके लिए उनकी गुणवत्ता व प्रसंस्करण उपयुक्तता और मांस उत्पादों की विशेषताओं को ध्यान में रखा जाता है। प्रत्येक मांस उत्पाद को बनाने के लिए मांस प्रसंस्करणकर्ता को कच्चे पदार्थों के घटकों के विशेष मानकों को विकसित करने की सलाह दी जाती है। कच्चे पदार्थों की अच्छी प्रकार से ग्रेडिंग जिसके लिए योग्यता व अनुभव की जरूरत होती है, मांस उत्पादों की गुणवत्ता पर निर्णयात्मक प्रभाव और परिणामस्वरुप आय पर उत्पन की जा सकती है।

पशु मांसपेशी व पशु वसा प्रसंस्कृत मांस उत्पादों के दो सबसे महत्वपूर्ण भाग है। शुद्ध मांसपेशी उत्तकों के अतिरिक्त, इसमें कुछ संयोजी उत्तक और अन्त व अन्तर्पेशीय वसा होती है जो मांस की गुणवत्ता को निर्धारित करती है। पशु जन्म वसा शरीर में उनकी स्थिति के अनुसार कठोर या नर्म होती है। पशु जाति के बताने के साथ-साथ, वसा की बनावट प्रसंस्करण गुणवत्ता का भी निर्धारण करती है। खाद्य पशु सह-उत्पाद जैसे कि त्वचा, आंतरिक अंग और रक्त भी मांस प्रसंस्करण में कच्ची सामग्री की भूमिका अदा करते हैं। सह-उत्पादों को सामान्य तौर पर प्रयोग नहीं किया जाता है, वे विशेष प्रसंस्कृत मांस उत्पादों का हिस्सा होते है। मांस को मांस उत्पादों में बदलने को पहला चरण उत्पाद से संबंधित कच्चे माल का चुनाव करना होता है। उनकी गुणवत्ता और प्रसंस्करण उपयुक्ता को ध्यान में रखते हुए और मांस उत्पादों की विशेषताओं को ध्यान में रखते हुए कच्चे माल का चुनाव किया जाता है। कुछ मांस-उत्पादों को बनाने में कम वसा वाले मांस की जरूरत होती है जिसमें संयोजी उत्तक व उससे जुड़ी हुई वसा न हो जबकि अन्य मांस-उत्पादों में अधिक वसा और संयोजी उत्तकों की मात्रा की आवश्यकता होती है। कुछ उत्पादों में कठोर वसा की आवश्यकता होती है जबकि अन्य उत्पादों के लिए नरम वसा ज्यादा उपयुक्त होती है। प्रभावी मांस प्रसंस्करण के लिए उपयुक्त कच्चे मांस का चुनाव अति आवश्यक होता है। मांस प्रसंस्करण कर्ताओं को प्रत्येक मांस-उत्पाद बनाने के लिए कच्चे माल के घटकों के विशेष मानकों को विकसित करने की सलाह दी जाती है। कच्चे माल की सही मानदण्ड के लिए योग्यता व अनुभव जरूरी है क्योंकि इसका मांस-उत्पादों पर बहुत गहरा प्रभाव पड़ता है। इसके परिणामस्वरूप अच्छी आय पैदा की जा सकती है। छोटे से मध्यम आकार के मांस प्रस्सकरण ईकाई के लिए सामान्य मापदण्ड योजना सूअर के कच्चे माल के साथ यहां दर्शाई गई है।

सूअर से मांस बनाने के लिए चुनाव व ग्रेडिंग

सूअर से मांस बनाने के लिए चुनाव व ग्रेडिंग व चुनाव का प्रस्ताव पूरे मृत पशु के मांस प्रसंस्करण के उपयोग से संबंधित है। प्राकृतिक रूप से बहुत से मांस प्लांट में कीमती मांस के टुकड़ों को आगामी प्रसंस्करण से अलग कर दिया जाता है और उनको ताजे मांस के रूप में बेचा जाता है। इन मामलों में बचे हुए मांस को ही फिर से आगे प्रसंस्कृत किया जाता है। ताजे मांस के हिस्से इस प्रकार हैं–हेंडरलॉईन, लॉईन, हैम और उसके भण, बार्स्टन बट-गर्दन के भण बेकन और पिकनिक सॉल्डर। कार्कस मांस का जो भाग ताजे मांस के रूप में बेचने के लिए होता है या आगामी प्रसंस्करण के लिए होता है। इसका निर्धारण ऑपरेटर के द्वारा अलग–अलग मामलों के आधार पर होता है। यदि प्रस्सकरण के लिए कम वसा वाले मांस की अधिक जरूरत होती है तो इसके लिए प्राथमिक मांस वाले हिस्से को प्रयोग किया जाता है या इसके प्रतिकूल होता है। यहां दर्शाई गई सूकर के मांस ग्रेडिंग योजना के छह ग्रेड को दिखाया गया है। इस मानक को उपभोक्ता की मांग के अनुसार सुधारा और अधिक आसान किया जा सकता है।

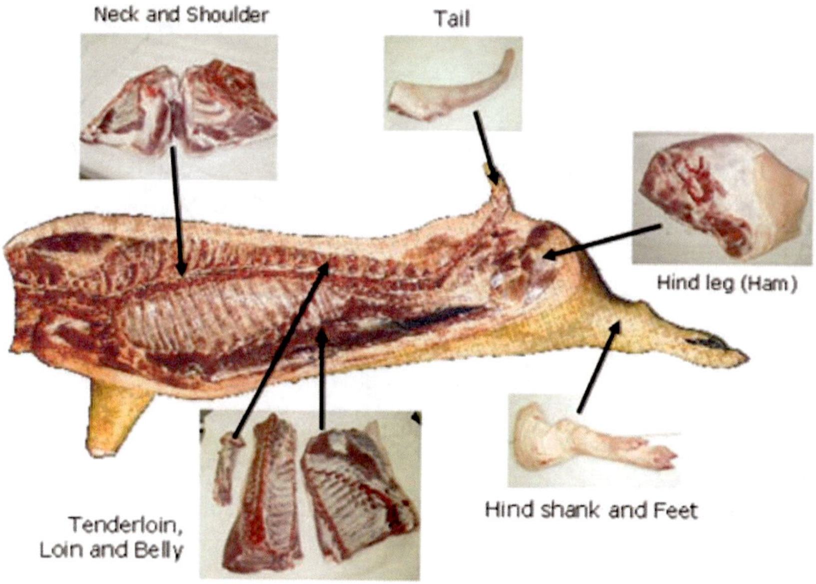

चित्र 1 : सूकर कारकास का व्यस्थित चित्र

ग्रेड पोर्क 1 : सूकर मांस जिसमें से सभी प्रदाशित वसा व संयोजी उत्तक निकाला गया हैं।

ग्रेड पोर्क 2 : सूकर मांस जिसमें 2-25% वसा और संयोजी उत्तक निकाला गया है।

ग्रेड पोर्क 3 : सूकर मांस 10% प्रदर्शित सख्त व मूलायम वसा एवं कुछ सयोजी उत्तक

ग्रेड पोर्क 4 : सूकर वसा, बैंक वसा (सख्त)

ग्रेड पोर्क 5 : सूकर वसा, शरीर वसा (मूलायम उत्तक)

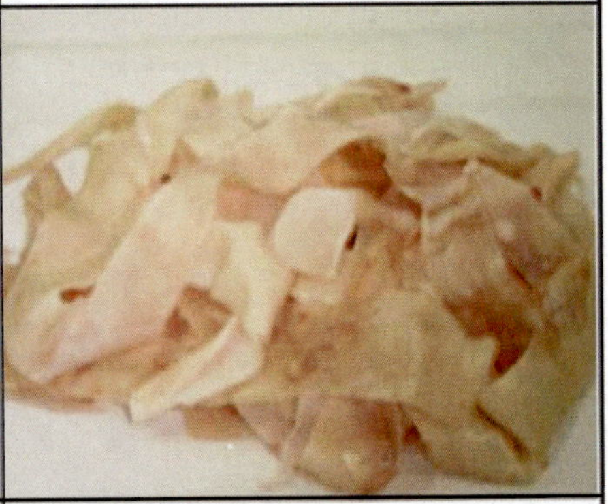

ग्रेड पोर्क 6 : सूकर त्वचा, बिना वसा व बालो के

चित्र 2 : सूअर से मांस बनाने की ग्रेडिंग योजना

ग्रेड-पॉर्क-1 : पतला मांस जिससे सारी दृश्य वसा और संयोजी उत्तक (कठोर व नरम) निकाल दिए गए हैं

यह मांस शरीर के हिस्से (बड़ी मांसपेशियों के समूह) के साथ प्राप्त किया जाता है जैसे कि लॉईन, टेंडरलॉईन, पिछला पैर और कंधा। ग्रेड-1 मांस इच्छित कटसे चुनाव कटके बनाने के दौरान प्राप्त किया जाता है। जब चुनिंदा हिस्से, ताजा मांस से बिक्री के दौरान अलग कर दिए जाते हैं जब इस मांस की प्रसंस्करण के लिए ज्यादा जरूरत होती है तो उपर्युक्त बताए गए कटस में से कुछ मांस इस उद्देश्य के लिए पूरी तरह से इस्तेमाल कर लिया जाता है। मांसपेशियों का वह समूह जिसके साथ संयोजी उत्तकों की उच्च मात्रा है: (गर्दन और पतला कंधा), ग्रेड-1 के लिए उपयुक्त नहीं माने जाते हैं। ग्रेड-1 का मांस पूरे हैम के लिए प्रयोग किया जाता है (कच्चा किण्वित और पक्का नमकीय), और सभी मांस उत्पाद जहां मांस की संरचनाएं दृश्य हों, जैसे कि कॉर्स सोसेज और पुनर्गठित हम के लिए भी ग्रेड-1 प्रयोग होता है।

ग्रेड-पॉर्क 2 : मांस जिसमें कि कुछ ठोस वसा धँसी हुई हो और संयोजी उत्तक निनाकल दिए गए हों

बनाने वाले मांस का यह वर्ग पेट के पतले हिस्सों से बनता है जिसमें पिछले पैर के कुछ टुकड़ों को निकाल दिया जाता है। ग्रेड-2 माँस में वसा की मात्रा 25 प्रतिशत से अधिक नहीं होना चाहिए। धँसी हुई वसा शुष्क और ठोस होनी चाहिए क्योंकि यह मांस सामान्य तौर पर कठोर उत्पादों के लिए प्रयोग किया जाता है, जिनमें वसा और माँस के कण दृश्य होते हैं और चबाने के दौरान महसूस किए जा सकते हैं इसी कारण सभी दृश्य कठोर व नरम संयोजी उतकों को निकाल दिया जाता है। विशेष उत्पाद हैं - ताजे सोसेज, शुष्क किण्वित सोसेज, लंचीयोन मांस और कुछ मात्रा में पुनर्गठित हैम।

ग्रेड-पॉर्क 3 : पेशीय मांस के टुकड़े फम वसा के साथ परंतु अधिक नरम संयोजी उत्तकों की मात्रा के साथ

ग्रेड-3 के मांस टुकड़ों को शरीर के सभी भागों से उत्पन्न किया जा सकता है परंतु इसका मुख्य स्त्रोत आगे वाला भाग है क्योंकि इन मांस के टुकड़ों में सामान्य तौर पर छोटे या बड़े नरम संयोजी उत्तक होते है, इनको मुख्य रूप से कटे हुए मांस मिश्रण में कच्चे माल के रूप में इस्तेमाल किया जाता है। कठोर संयोजी उत्तकों को निकाल दिया जाता है। धंसे हुए मांस नरम या कठोर बनावट की हो सकती है परंतु इसकी मात्रा 1 प्रतिशत से अधिक नहीं होनी चाहिए ताकि लीन बैटर के प्रसंस्करण के लिए आसानी हो।

ग्रेड-पॉर्क-4 : पॉर्क पार्श्व वसा

पॉर्क कार्कस को काटने के दौरान और चुनिंदा टुकड़ों को बनाने के दौरान जो वसा प्राप्त होती है उसको नरम और ठोस दो भागों में बाँटा जा सकता है। ठोस व शुष्क वसा जो ग्रेड-4 में आती है वह मुख्य रूप से त्वचा के नीचे से और पॉर्क कार्कस के पिछले हिस्से से आती है इसलिए इसको पार्श्व वसा कहते हैं। पार्श्व वसा मुख्य रूप से कच्चे किण्वित सोसेज में वसा के हिस्से को रूप में प्रयोग के जाती है और कटे हुए माँस मिश्रण में प्रयोग बनाने में की जाती है। कॉर्स ताजा माँस उत्पाद जहाँ सामान्यत: ग्रेड-2 के माँस का प्रयोग किया जाता है वहाँ ग्रेड-1 के माँस के साथ पार्श्व वसा का प्रयोग किया जा सकता है क्योंकि इस मिश्रण से उतनी ही वसा मिलती है जितनी ग्रेड-2 के माँस में होती है।

ग्रेड-पॉर्क-5 : नरम वसीय ट्रिमिंगस

ठोस वसीय उत्तकों के अलावा भिन्न प्रकार के नरम वसीय उत्तक पोर्क कार्कस से प्राप्ति किए जा सकते हैं। इनके तैलीय व आर्द्र दिखावट के कारण यह कांर्स उत्पादों के बनाने के लिए उपयुक्त नहीं होते है परन्तु महीन कटे हुए कच्चे-पके प्रकार के माँस मिश्रण में कुल मात्रा के 25प्रतिशत तक प्रयोग किया जा सकता है, इसको कुछ पूर्णपकित माँस उत्पादों में वसीय मात्रा के रूप में भी प्रयोग किया जाता है।

ग्रेड-पॉर्क-6 : पॉर्क त्वचा

पॉर्क त्वचा को मुख्त रूप से भोजन के रूप में प्रयोग किया जाता है, जबकि अन्य पशुओं की त्वचा को चमड़ा उत्पादन में प्रयोग किया जाता है। पशु को काटने के दौरान उसकी त्वचा संक्रमित हो जाती है इसलिए एक अच्छी साफ, अच्छी गुणवता वाली पॉर्क त्वचा को प्राप्त करने के लिए विशेष ध्यान की आवश्यकता होती है। पॉर्क त्वचा को बाह्य तरफ से कोई भी बाल नहीं होना चाहिए और दूसरी गंदगी नहीं होनी चाहिए और इसके अंदर की तरफ से संयोजी वसीय उत्तकों को पूरी तरफ से हटा देना चाहिए। पॉर्क त्वचा कोलोजन से भरपूर होती है और पूर्व पकित माँस के रूप में एक अच्छे पदार्थ के रूप में प्रयोग किया जाता है। कभी-कभी पॉर्क त्वचा को कच्चे रूप में प्रसंस्कृत माँस उत्पादों में छोटे कणों के रूप में प्रयोग किया जाता है या पॉर्क त्वचा पायसन और शुष्क कणिकाओं के रूप में प्रयोग किया जाता है, जबकि इसका बड़े उद्योगों में प्रयोग किया जाता है। पॉर्क त्वचा के जिलेटिन के उत्पादन में भी प्रयोग किया जाता है।

अध्याय-4
गैर-मांस घटकों का चयन

बहुत से गैर-मांस घटक प्राकृतिक रूप से कार्यवाही होते है, जो उनकी गुणवत्ता वर्धन क्षमता को प्रस्तुत करती है। कार्यात्मक प्रवृत्ति के घटकों की कार्यात्मक विशेषताओं में उनका स्वाद, सुगंध, दिखवट, रंग, बनावट, जल बंधन, वसा अलग करना और संरक्षण पर प्रभाव आ ते है। इन घटकों का अन्य समूह जो मुख्य रूप से न तो दिखावट में बदलाव लाता है और न ही गुणवत्तावर्धन इनका मुख्य उद्देश्य होता है। ये मांस उत्पादों की मात्रा को बढ़ाते है, जिन्हें मांस बढ़ाने वाले (एक्सटैंडर) या भरने वाले (फिल्लर) कहते है। एक्सटैंडर और फिल्लर प्रसंस्कृत मांस में मानक घटक नहीं है, असल में उच्च गुणवत्ता वाले मांस उत्पास उनके बिना तैयार किए जाते है। परंतु कीमत घटाने में ये मुख्य रूप से सहायक है और कम कीमत वाले स्वास्थ्यवर्धक मांस उत्पाद बनाने में काबिल होते है।

प्रसंस्कृति मांस के मुख्य घटकों मांस व पशु के साथ-साथ गैर मांस उत्पादों या पदार्थों को प्रयोग किया जाता है। उनमें से कुछ अत्यावश्यक होते है जैसे नमक व मसाले। अन्य पदार्थ विशेष उत्पादों के लिए प्रयोग किए जाते है। बहुत से घटक कार्यात्मक होते है, जो उनकी गुणवत्तावर्धन विशेषताओं को दर्शातें है। घटकों की कार्यात्मक विशेषताओं में स्वाद, सुगंध, दिखावट, रंग, बनावट, जट बंधन, वसा अलग करना और संरक्षण पर उनके प्रभाव इत्यादि आते है। घटक जो बिना किसी अन्य प्रभाव के केवल कार्यात्मक होते है जैसे कि उत्पाद की मात्रा को बढ़ाना व भरना, सामान्य रूप से थोड़ी मात्रा में प्रयोग किए जाते है (उदाहरण - सामान्य नमक 1.5-3%, नाइट्राइट - ``.1-``.2%, फास्फेट ``.5-`.5%, एसकोर्बिक अम्ल ``.3%, अलग किए हुए सोया प्रोटीन या गैर वसीय शुष्क दुग्ध प्रोटीन 2%)।

केवल कार्यात्मक पदार्थों की तुलना में, घटकों का अन्य समूह जिसका मुख्य काम दिखावे को बदलना या गुणवत्तावर्धन नहीं होता, परंतु केवल मांस उत्पादों की मात्रा को बढ़ाना होता है। इन्हें मांसवर्धक या मांसभरक कहते है। मुख्य उद्देश्य मांस उत्पादों की कीमत कम करना होता है। मांसवर्धक या मांस फिलर में अंनाज, दाले, सब्जियों, जड़े और तने आते है और उसको अधिक मात्रा में प्रयोग किया जाता है जैसे 2-15% के मध्य में। मांसवर्धक/एक्सटैन्डर मुख्य रूप से वनस्पतिक प्रोटीन होते है जिनमें सोयाबीन व दाले मुख्य स्त्रोत होते है। रचनात्मक सोया/प्रोटीन सबसे मुख्य सोयाबीन एक्सटैंडर है। ये सस्ते वनस्पतिक प्रोटीन मंहगे मांस प्रोटीन की कीमत को बढ़ा देते है। जिससे सस्ते मांस उत्पादों की पूर्ण प्रोटीन की

मात्रा ग्रहण योग्य हो जाती है। एक्सटैंडर को सीमित आकार में मिलाया जाता है जो मांस उत्पादों की मात्रा को बढ़ा देते है। परंतु इससे उनकी गुणवत्ता भी बदल जाती है। पशु जन्य प्रोटीन के आलावा, पूर्व दुध व अण्डों को भी मांसवर्धक माना जा सकता है।

फिलर/भरक मुख्य रूप से पौधों से मिलने वाले पदार्थ होते है जो प्रोटीन में कम और कार्बोहाइड्रेट में उच्च होते है जैसे की अनाज, जड़े, गांठे और सब्जियां, और आटा/स्टार्च कार्बोहाईड्रेट से भरपूर पदार्थों को मांस से मिलाना प्रोटीन की मात्रा का विसरण/बढ़ाना नहीं है। परंतु कुछ नए घटक नहीं है, असल में उच्च गुणवत्ता वाले मांस उत्पाद इनके बिना ही तैयार किए जाते है। परंतु ये कीमत घटाने में ऐसे उत्पाद उन ग्राहकों के आहार में आवश्यक पशु प्रोटीन पहुंचाने में सहायक होते है जो मंहगे मांस व मांस उत्पादों को नियमित आहार में नहीं ले सकते है।

गैर मांसीय घटकों की सूची उनके स्त्रोत के अनुसार जैसे कि रासायनिक, या पशुजन्य या वनस्पतिक इस प्रकार है –

क) रासायनिक पदार्थ जो गैर-मांस घटक के रूप में प्रयोग होते है

भिन्न प्रकार के खाद्य प्रसंस्करण के लिए विभिन्न रासायनिक पदार्थों को मान्यता दी गई है, परंतु विशेष मांस प्रसंस्करण के लिए बहुत से देशों में रासायनिक पदार्थों की सूची सीमित है। निम्नलिखित उनमें से मुख्य है – नमक (स्वाप के लिए, मांस प्रोटीन पर प्रभाव और शेल्फ लाइक में सुधार), नाइट्राइट (रंग, सुगंध और शेल्फ लाइफ के लिए), एस्कार्बक अम्ल (क्योङ्करग प्रतिक्रिया को बढ़ाने के लिए) फॉस्फेट (प्रोटीन रचना और जलबंधन के लिए), रासायनिक संरक्षक (शेल्फ-लाइक बढ़ाने के लिए), एन्टीऑक्सीडेंटस (सुंगध और शेल्फ लाइफ के लिए) मोनोसोडियम ग्लूटामेट एम एस जी (सुगंध के बढ़ाने के लिए) और खाद्य रंगदार पदार्थ (कृत्रिम और वनस्पतिक), रासायनिक यौगिक मुख्य रूप से कार्यात्मक होते है। इन्हें थोड़ी मात्रा में प्रयोग किया जाता है। 1.1 प्रतिशत से नीचे (नाइट्रेट ``.5 प्रतिशत तक)। नमक को 2 प्रतिशत की सीमा में प्रयोग किया जाता है (4 प्रतिशत तक कुछ किण्वित शुष्क उत्पादों में)।

ख) पशुजन्य और मांसीय घटक :

सामान्य तौर पर पशु जन्य घटकों का प्रयोग नहीं किया जाता है परंतु कुछ विशेष मांस उत्पादों में ये प्रयुक्त होत है। इन सभी में कार्यात्मक विशेषताएं होती है (पूर्ण दूध के अतिरिक्त), विशेष रूप से जलबंधन क्षमता में सुधार और ऊष्मीय उपचार के दौरान वसा अलगाव को

रोकना। उनकी कार्यात्मक विशेषताओं के अलावा, इनमें से कुछ को मांस एक्सटैंडर भी कहा जा सकता है, जैसे मिल्क कैसीनेट (9% प्रोटीन; थोड़ी मात्रा में प्रयुक्त 2%) जिसमें जल व वसाबंधन की क्षमता होती है। सम्पूर्ण दूध या गैर वसीय शुष्क दूध (स्किम मिल्क) (कभी कभी देशी मांस उत्पादों में प्रोटीनवर्धक के रूप में प्रयोग होता है), जीलेटीन (बांधक विशेषता और मांस विस्तारक), रुधिरप्लाज्मा (मुख्य रूप से बांधक विशेषता) अण्डे (विस्तारक और मांस टुकड़ों व तले हुए सोसेज के लिए बंधक घटक) और ट्रांस ग्लूटामिनेज (विशेष रूप से बांधक घटक)।

ग) पौधों से प्राप्त गैर-मांसीय घटक :

सभी मसाले पौधों से प्राप्त होते है। ये मुख्य रूप से कार्यात्मक होते है और थोड़ी मात्रा में इस्तेमाल किए जाते है। मांस उत्पादों में स्वाद व सुगंध बढ़ाने के लिए, मुख्य रूप से कार्यात्मक पदार्थों का अलग समूह जो पौधों को मिलता है, जिसने उच्च प्रोटीन होती है उन्हें बंधक के रूप में जल बंधन और वसा रखने के लिए प्रयोग किया जाता है, विशेष रूप से आंतरिक उष्मीय उपचारित उत्पादों में। मुख्य रूप से प्रयोग किए जाने वाले पदार्थ है - पृथक सोया प्रोटीन (9 प्रतिशत प्रोटीन), गेहूँ ग्लूटेन (8 प्रतिशत प्रोटीन) और दालों से निकाले गए कम महत्वपूर्ण प्रोटीन। पौध जन्य घटकों का एक तीसरा समूह, मांस विस्तारकों के रूप में प्रयोग किया जाता है (यदि प्रोटीन से भरपूर हो) या भरक (यदि कार्बोहाइड्रेट से भरपूर हो) इनका मुख्य उद्देश्य कीमती मांस को सस्ते पदार्थों के साथ विस्थापन करना होता है जिससे मांस उत्पादों की कीमत को घटाकर उनकी मात्रा को बढ़ाया जा सके।

पौधों से प्राप्त पदार्थ उच्च प्रोटीन मात्रा के साथ जैसे सोया आटा (5 प्रतिशत प्रोटीन), सोया सान्द्र (7 प्रतिशत प्रोटीन) और दूसरे दलहनी (राजमा, मटर, लैन्टील) को केवल विशेष उत्पादों में ही प्रयोग किया जाता है। भरक/कार्बोहाइड्रेट उत्पाद जो प्रोटीन में कम होते है (सामान्य तौर पर 2-15 प्रतिशत तक मिलाए जाते है। कुछ - जड़े और सब्जियां 5 प्रतिशत तक। ये विशेष भरक होते है। कीमत घटाने व मात्रा बढ़ाने के अतिरिक्त कुछ आटे व स्टार्च को बंधक के रूप में भी प्रयोग किया जाता है। यह विशेषता अधिक रोचकता के लिए जल बंधन क्षमता को बढ़ा देती है या बनावट सुधार के लिए वसा बंधन क्षमता को बढ़ा देती है। कुछ सामान्य प्रयुक्त बंधक है - गेहूं, चावल और मक्की का आटा, गेहूँ से स्टार्च, चावल, मक्का, आलू व कसावा स्टार्च, रोटी के टुकड़े, रस्क (गेहूँ से प्राप्त), जो अनाज बिना घुटाव के मिलाए जाते है - चावल, मक्का, जड़े और गांठे - कसावा, शकरमंदी. सब्जी या फल उदाहरण प्याज, शिमला मिर्च, गाजर, हरी सब्जियां, केले, पोली सेकराइड

(हाइड्रोकोलोयड्स) और कैरेजीनन (इन समूह का एकमात्रा हाइड्रोकोलोयड्स उत्पाद है जो मांस प्रसंस्करण के लिए प्रसिद्ध है, अधिकतम 1 प्रतिशत में प्रयोग किया जाता है। जो काटने और जोड़ने की क्षमता को बढ़ा देता है। इसको बंधक और भरक दोनों कहा जा सकता है।

मिलाने/ लागू करने के तरीके

पीसने के दौरान : रासायनिक यौगिक और दूसरे महीन या मोटे गैर मांसीय घटकों या पिसे हुए पदार्थों की थोड़ी मात्रा पिसे हुए मांस उत्पादों में आसानी से मिलाई जाती है। इसके लिए पीसने से पहले इन्हें कच्चे मांसीय पदार्थों में मिलाया जाता है। छोटे स्तर के कामों में, मांस व गैर मांसीय पदार्थों के मिश्रण को ग्राइंडर प्लेट से गुजारा जाता है। हस्त या मशीन से भी आवश्यकतानुसार मिलाया जा सकता है। बढ़े स्तर के औद्योगिक कामों में, पिसा मांस, रासायनिक यौगिक व दूसरे गैर मांसीय घटकों को ब्लैंडर में मिलाया जाता है।

काटने के दौरान : महीन पिसे हुए या काटे गए मांस में, गैर मांसीय घटक बाकी मिश्रण के साथ चूर्ण करने वाले पात्र में आसानी से मिलाए जा सकते है। गैर मांसीय घटक जैसे कि बंधक (निर्गत सोया प्रोटीन, मिल्क कैसीनेट) आदि को पायसन के रूप में मिलाया जाता है तथा महीन मिश्रित फिलर (आटा, स्टार्च) को शुष्क रूप से मिलाया जाताहै। सस्ते सोसेज जैसे हाट-डॉग, बड़ी मात्रा में विस्तारक और मोटे भरक (रस्क, रीटी के टुकड़े आदि) को काटने के दौरान मिलाया जाता है।

बिना पिसे मांस में उपयोग : गैर-मांसीय घटकों का बड़े मांस के टुकड़ों या अखण्ड पेशियों में मिलाना एक जटिल प्रक्रिया है। घटकों को सूई द्वारा नमकीय घोल में मिलाना, यदि व जल में धुलवशीत है या पानी में मिलाए जा सकते है (नमक, नाइट्राइट, मसाले, एस्कोर्बेट, फॉस्फेट, सोया उत्पाद, कैरेजीनन), यह समानांतर मिलाने का सबसे तेज तरीका है। ऐसे शुष्क पदार्थों का सतह पर लगाना (उदाहरण नाइट्राइट, नमक, मसाले) या मांस को नमक व सुगंध वाले घोल में डुबाना लगाने का एक अन्य तरीका है, परंतु घोल को पूरी तरह पेशीय उत्तकों में पहुंचने में दिन या सप्ताह लग जाते है।

उपयोग से पहले उपचार

महीन गुथे हुए वनस्पति जन्य फिलर (आय, स्टार्च) को शुष्क रूप में मिलाया जाता है। मोटे फिलर/भरक जैसे रोटी के टुकड़े और रस्क व अनाजों को पुनर्जलीकृत किया जाता है। वनस्पतिजन्य खण्डित विस्तारकों को भी उत्पाद मिश्रण में मिलाने से पहले पुनजलीकृत

किया जाता है। बांधकों (उदाहरण मिल्क कैसीनेट, निर्गत सोया प्रोटीन) को या तो शुष्क चूर्ण के रूप में या वसा/जल/प्रोटीन पायसन के रूप में मिलाया जाता है। बहुत से निर्माता शुष्क चूर्ण मिलाने से बेहतर पहले से निर्मित पायसन की बांधक विशेषताओं को पसंद करते है। दूसरी तरफ, पायसन बनाना एक श्रमिक प्रक्रिया है और जब अधिक प्रभावी महीन करने के पात्र का प्रयोग करते है तो यह अनावश्यक लगता है। उदाहरण - कोलोयड मिल, तेज गति वाला कटर।

महत्वपूर्ण गैर-मांसीय घटक और उनकी विशेषताएं

मांस उद्योग में उपयुक्त होने वाले गैर-मांसीय घटकों की मुख्य विशेषताएं नीचे दी गई है। इनको अधिकतर प्रयोग में होने वाले पदार्थों को दर्शाते हुए सूची में डाला गया है और मांस प्रसंस्करण में इनके उपयोग के अनुसार बाकी पदार्थों को मोटे तौर पर वर्गीकृत किया गया है।

1. नमक/सोडियम क्लोराइड (स्तर 1.5-3.0 प्रतिशत)

मांस प्रसंस्करण में उपयोग होने वाला नमक एक मुख्य घटक है और यह अंतिम उत्पाद की विशेषता को आधारभूत स्वाद प्रदान करता है। प्रसंस्कृत मांस उत्पादों में इसका स्तर 1.5.-2.2 प्रतिशत होता है। स्वाद बढ़ाने के अतिरिक्त नमक, जल के साथ प्रोटीन के ढांचे को खोलने में मदद करता है (मायोफ्राबिलर प्रोटीन को घोलकर)। यह प्रोटीन जैल गर्म करने पर और नमी तथा वसा पकड़कर अंतिम उत्पाद को रूप, बनावट व कठोरता प्रदान करता है। इस स्तर पर प्रयोग किया गया नमक मांस की जल बंधन क्षमता को भी बढ़ा देता है।

2. सिजनिंग मसाले

प्रसंस्कृक मांस उत्पादों के लिए मसाले अति आवश्यक है। उनकी विशेषता व जटिलता के कारण इनका वर्णन अलग अध्याय में किया गया है (अध्याय 5 में)।

3. जल

जल मांस का मुख्य भाग है (लीन मांस में 8 प्रतिशत तक)। इसीलिए विशेष रूप से सभी मांस उत्पादों में कम या अधिक मात्रा में प्राकृतिक जल होता है। इसकी प्राकृतिक उपस्थिति के साथ-साथ, जल बहुत से मांस उत्पादों में मुख्य घटक के रूप में प्रयोग किया जाता है। जबकि कुछ ग्राहकों द्वारा यह मानना गलत है कि जल केवल वजन बढ़ाने के लिए और निर्माता के फायदे के मिलाया जाता है। असल में मांस उत्पादों के कई प्रकार है जहां पर जल

का मिलाना तकनीकी कारणों से आवश्यक है या पकाने के दौरान जो हानि होती है उसे पूरा करने के लिए जल मिलाया जाता है। कच्चे-पके मांस मिश्रण को पकाने के दौरान जल का मिलाना आवश्यक है (मांस लोफज, फ्रैंक-कटर सोसेज आदि)। यहां जल नमक व फॉस्फेट के साथ मिलकर पेशीय प्रोटीन को घोलता है। इस प्रकार प्रोटीन की एक मजबूत रचना बनाता है ऊष्मीय उपचार के बाद भी उत्पाद को बांधे रखती है।

पूर्वघटित-पकित मांस मिश्रण में, पकाने के दौरान कम हुए पानी को पूरा करने के लिए जल मिलाया जाता है। क्योंकि कच्चे मांस पदार्थों के पकावन से लगभग 3 प्रतिशत पानी की हानि होती है। अन्तिम उत्पाद ज्यादा सूखे न हो, जल को अन्तिम मिश्रण में पूरक के रूप में प्रयोग किया जाता है। ज्यादा पानी नहीं मिलाना चाहिए, क्योंकि इससे अन्तिम उत्पाद में वसा व जैली अलग हो सकते है। क्योङ्करग पदार्थों या दूसरे गैर-मांसीय घटकों के लिए जल को आधार रूप में प्रयोग करते है और मांस विस्तारकों के पुनर्जलीकरण के लिए भी इसका प्रयोग किया जाता है। क्योरड-पके हुए मांस उत्पादों के लिए क्योङ्करग सॉल्ट के घोल, जिसमें मसाले फास्फेट व अन्य घटक भी मिले होते है, उनको बड़े मांस के टुकड़ों में तेज व समान विसरण के लिए भर दिया जाता है। इसमें उत्पाद का भार/आयतन बढ़ जाता है जिसकी वजह ब्राइन/नमक का घोल होता है परंतु यह पकने के दौरान फिर से कम हो जाता है। तकनीकियां जैसे कि टम्बङ्कलग, फॉस्फेट व अन्य पदार्थ मिलाने के साथ मात्रा को बढ़ाना संभव है। सामान्य तौर पकाने के दौरान हुए पानी की हानि पहले भरे गए पानी के बराबर होती है, जबकि कुछ सस्ते पके हुए पुनर्गठित हैम, में टंबलिग फॉस्फेट और बांधक के साथ उत्पाद में ज्यादा पानी की मात्रा रखना संभव है।

4. सोडियम नाइट्राइट (स्तर : 0.01-0.05 प्रतिशत)

सोडियम नाइट्राइट का थोड़ी मात्रा में प्रसंस्कृत मांस में मिलाने से अचारीय लाल रंग पैदा होता है। नाइट्राइट के बिना गर्म करने पर मांस उत्पाद स्लेटी हो जाते है। डिब्बाबंद मांस उत्पादों में जीवाणुओं की वृद्धि रोकने में नाइट्राइट का विशेष महत्व है। इससे भी अधिक, वसा को स्थिर करके ऑक्सीजन से होने वाले बदलाव को रोकता है। नाइट्राइट का वाणिज्यिक रूप है`.5-`.6 प्रतिशत नाइट्राइट और 99.4-99.5 प्रतिशत सोडियम क्लोराइड का मिश्रण जिसे 'नाइट्राइट क्योङ्करग सॉल्ट' या 'पिकङ्कलग सॉल्ट' कहते है।

5. एस्कार्बिक अम्ल, सोडियम एस्कार्बेट, इथीरोबेट (स्तर : 0.03%)

एस्कार्बिक अम्ल को विटामिन सी कहा जाता है। इसका ज्यादा स्थिर सॉल्ट सोडियम एस्कार्बेट है परंतु सोडियम इरीथ्रोबेट ज्यादा सस्ता होता है। ये जिन्हें 'क्योर बढ़ाने वाला' कहा जाता है। प्रसंस्कृत मांस के लिए क्योङ्करग सॉल्ट में प्रयोग किया जाता है क्योंकि इतने रिड्यूङ्कसम विशेषताएं होती है। ये पदार्थ नाइट्राइट की लालदेशीय रजंक के साथ प्रतिक्रिया को उत्पाद निर्माण के दौरान ऊष्मा से उपचारित करने होती है जो एकदम से एक जैसा लाल रंग विकसित करते है जिसे क्योर तेज करने वाले पदार्थों की उपस्थिति में और बढ़ाया जा सकता है। इसी तरह की प्रतिक्रियाएं गैर-उष्मीय उपचारित पदार्थों जैसे कच्चे क्योरड हैम या सोसेज में होती है, परंतु धीमी होती है। क्योर तेजक पदार्थों का एक और प्रभाव यह है कि रासायनिक क्योङ्करग प्रतिक्रियाएं अधिक पूरी होगी/होती है। इसीलिए उत्पाद में नाइट्राइट का स्तर कम बचता है।

6. फॉस्फोरस (स्तर : 0.05-0.51 प्रतिशत)

मांस प्रसंस्करण उद्योग में फॉस्फेट का बहुत बड़ा उपयोग है और प्रसंस्कृत मांस उत्पादों में वे बंधक और बनावट क्षमता को बढ़ाते है। ये सीधे रूप से पी.एच. को बढ़ाकर जल बंधन क्षमता को बढ़ाते है। क्योंकि इनका पी.एच. क्षारीय (7` से ऊपर) होता है। फॉस्फेट सॉल्ट के साथ प्रोटीन की घुलनशीलता को बढ़ाकर मांस उत्पादों की बनावट को स्थिर बनाते है तथा ये वसा ऑक्सीजन व बदबू को रोकते है जिससे मनचाही गंध खत्म हो जाती है। फॉस्फेट में जीवाणुओं की वृद्धि रोकने की भी क्षमता है। मांस प्रसंस्करण में प्रयोग होने वाले सामान्य फॉस्फेट है सोडियम ट्राइपोलीफास्फेट, (पी.एच. 9.8) और सोडियम डाइ-फास्फेट (पी.एच. 9.3) सोसेज मिश्रण आदि बनाने के लिए जहां फास्फेट शुष्क चूरे के रूप में मिलाए जाते है। विशेषकर हाइ-फास्फेट जिनमें मध्यम क्षारीय प्रभाव होता है चुने जाते है। इनकी सामान्य मात्रा ``.3 प्रतिशत होती है। डाइ-फास्फेट की जल में घुलनशीलता कम होती है। इसलिए नमकीय घोल/ब्राइन जिनमें फॉस्फेट होते है, ज्यादा घुलनशील पोली-फॉस्फेट प्रयोग किए जा सकते है।

7. मिल्क प्रोटीन

अलग किए हुए सह प्रोटीन की तरह मिल्क प्रोटीन मिल्क कैसीनेट मांस प्रोटीन के साथ प्रतिक्रिया करने की क्षमता रखते है या विस्तृत मांस मिश्रण में ये मांस प्रोटीन की कमी को पूरा करते हैं। मिल्क प्रोटीन की आवश्यकतानुसार थोड़ी मात्रा 2% और तुलनात्मक उच्च दाम के कारण मीट प्रोटीन मुख्य रूप से वजन बढ़ाने के लिए मांस नहीं है। अपितु इसकी कार्यात्मक बांधक क्षमता जल और वसा बंधन को बढ़ा देती है तथा पकाने के दौरान हुई

हानि कम करते है। इसकी ये विशेषताएं उष्मीय अपारित मांस उत्पादों में प्रयोग की जा सकती है। मिल्क प्रोटीन मांस–उत्पादों को पील रंग व नरम संरचना प्रदान करते है जिसे कुछ मांस प्रसंस्करण कर्ताओं द्वारा इसके नुकसान कम किया जा सकता है। प्रयोग किए गए मिल्क प्रोटीन का स्तर 2 प्रतिशत से अधिक नहीं होना चाहए। मिल्क प्रोटीन मांस मिश्रण में या तो चूर्ण के रूप में या पहले से निृमत पायसन के रूप में मिलाया जाता है। पायसन सामान्य तौर पर मिल्क प्रोटीन वसीय उत्तक जल 1:5:5 से :1.8.8 से बना होता है। पायसन को एक बड़े कटोरे में आसानी से बनाया जा सकता है जिसने मांस घटकों को उच्च गति घुमाव द्वारा अच्छे से मिलाया जात है। स्किम दुग्ध चूर्ण को वसा रहित दूध को सुखाकर बनाया जाता है और कभी–कभी इस विस्तृत कच्चे पके मांस उत्पाद में प्रयोग किया जाता है। इसे इच्छी बांधक क्षमता के साथ एक अच्छा विस्तारक भी माना जा सकता है।

8. जैलेटिन

जैलेटिन एक खाद्य जैली हैं जो पशु उत्तकों (मुख्य रूप से त्वचा व हड्डियां) को उबालकर निकाले गए कोलेजन प्रोटीन से बनी होती है। बाजार में उपलब्ध जैलेटिन विभिन्न आकार के छोटे–छोटे दानों वाले पाऊडर के रूप में होती है जिसे सबसे पहले ठण्डे पानी में मिलाया जाता है व फिर 5–6 सेलसियस तापमान वाले पानी में पूरी तरह घोला जाता है। जैलेटिन के प्रोटीन अणु पानी को सोख लेते है और ठण्डे होने पर जैल बनाते है। यदि माँस के टुकड़े द्रवीय जैलेटिन में मिलाए जाते हैं और इसकी जोड़ने की विशेषताए तापमान कम होने के साथ धीरे–धीरे मजबूत होती जाती हैं जिससे एक ठोस लचकदार और आसानी से काटा जा सकने वाला उत्पाद बनता है। शुष्क जैलेटिन को नमी वाली माँस मिश्रण के साथ मिलाने के लिए कभी–कभी अन्य तकनीक का भी उपयोग किया जाता है जिसमें जैलेटिन गर्म करने के दौरान माँस कणों के चारों ओर फैले हुए को सोख लेता है और ठण्डा होने पर कठोर हो जाता है और इस तरह उत्पाद को आपस में बाँधे रखता है। यदि बाजार वाली जैलेटिन का उपयोग नहीं किया जाता तो पानी सोखने जैसे प्रभाव और जैल बनाने जैसी विशेषता को कोलेजन से भरपूर पशु उत्तकों को माँस मिश्रण के रूप में प्रयोग करके प्राप्त किया जा सकता है जैसे कि सूअर की त्वचा, सिर और पैरों की त्वया या दूसरे माँस की परते जो संयोजी उत्तकों से भरपूर हो (टेंडन, लिगामेंट, फेशिया आदि)।

9. रक्त प्रोटीन

रक्त को सभी जगह मानव के भोजन के लिए प्रयोग नहीं किया जाता है जहां पर इसको

पसंद किया जाता है वहाँ माँस उत्पादों की विविध विभिन्नताएँ संभव है जिसमें पूर्ण रक्त मुख्य घटक होता है। यदि रक्त से ठोस भागों को (रक्त को शिकाएँ) अलग कर दिया जाता है। तो बचे हुए भाग को रक्त प्लाज्मा कहते है जो प्रोटीन (8–9 प्रतिशत) से भरपूर होता है। कुछ लोग इस पीले (हल्का पीला) द्रव्य को द्रवित माँस भी कहते है। प्रोटीन का ऐसा घोल माँस प्रसंस्करण में मुख्य भूमिका निभा सकता है। कई जगह विशेष उधमी रक्त प्लाज्मा को स्याटरहाऊस से स्लाटर के तुरंत बाद साफ–सुधरे तरीके से प्राप्त रक्त को केंद्र त्यागी बल द्वारा प्राप्त किया जाता है। स्वच्छ व संवेदक प्रवृत्ति के कारण रक्त प्लाज्मा को कोई परित्याग बल के बाद अच्छे से शुष्क शीतकालीन किया जा सकता है। रक्त प्लाज्मा के बर्फीय टुकड़े माँस उत्पादों के प्रसंस्करण के लिए उत्तम होते है। प्लाज्मा का यह रूप विशेष रूप से कच्चे पके माँस उत्पादों के लिए उचित होता है (फ्रेंक–फटर और माँस लॉक), जहाँ पानी या बर्फ मिलाई जाती है। यदि यह पानी या बर्फ रक्त प्लाज्मा के द्वारा कुछ विस्थापित किए जाते हैं तो उत्पाद की प्रोटीन मात्रा और जल बंधन क्षमता बढ़ जाती है। ऐसा रक्त प्रोटीन की अच्छी जलबंधन क्षमता के कारण होता है जो माँस प्रोटीन की तुलना में अधिक होती है। रक्त प्लाज्मा का पी.एच. कुछ क्षारीय (7.5–8.5) जो कि जल बंधन क्षमता के लिए फायदेमंद होता है।

10. कैरेजिनन

कैरेजिनन जलीय पौधे से प्राप्त एक हाइड्रोकोलाइड (सामान्य तौर पर गम) होता है। कैरेजिनन शुद्ध चूर्ण के रूप में उपलब्ध है जो पानी में घुलनशील है और जिसकी मजबूत जल बंधन व जैल बनाने की विशेषताएँ है। ठँडा होने पर यह एक लचीला जैल बनता है जो प्रशीतन संग्रहण के दौरान स्थिर रहता है। कैरेजनिन थोड़ी मात्रा में 1 प्रतिशत तक जरूरी होता है और उसे शुष्क चूर्ण के रूप में मिलाया जाता है जो कूङ्कग ईल्ड को बढ़ा देता है। चिपकाने व काटने की क्षमता को अच्छा बना देता है। यह पके हुए है और दूसरे पके उत्पादों में न केवल जल भरवा क्षमता को बढ़ाता है बल्कि इच्छित स्थिरता और रोचकता को भी बढ़ाने में योगदान देने के साथ कम वसा वाले उत्पादों में भी स्थिरता प्रदान करता है (जैसे जैली में कॉर्न–बीफ)।

11. ट्रांसग्लूटामिनेज

यह एक एन्जाईम है जो शारीरिक जीवित पशुओं में शारीरिक उत्तकों के घाव को ठीक करने

में आवश्यक होता है और प्रोटीन अणुओं को बाँधकर स्थिर संरचना बनाने के लिए जरूरी होता है। अभी-अभी आए इस पदार्थ के कृत्रिम रूप माँस में समान प्रभाव विकसित करने में अहम भूमिका निभाता है। इसमें प्रत्येक छोटे या बड़े माँस के टुकडों के प्रोटीन (सतही प्रोटीन) अणुओं के बीच आबंध बनाने की क्षमता होती है। इसका यह प्रभाव विभिन्न माँस प्रसंस्करण चरणों में से टम्बलिंग से लेकर पुनर्गठन द्वारा पकित हैम में प्रोटीन संरचना को बनाने में प्रयोग किया जाता है। यह पदार्थ विशेष माँस प्रसंस्करण तकनीकियों पर प्रभाव डालने के लिए अपेक्षित है।

उदाहरण के तौर पर टम्बलिंग प्रक्रियाओ को छोटा करने में या फॉस्फेट व दूसरे बांधक पदार्थों का कच्चे पके उत्पादों में प्रयोग या नमक उपचारित उत्पादों के अपचयन में या पूर्णतः विस्थापन में। कच्चे किण्वित सोसेज में भी जिसमें मोटे कटे हुए माँस व वसा ने कणों का मिश्रण होता है, एक ठोस जोड़ का बनना पकने के दौरान आदि को ट्रांसग्लूटामिनेज द्वारा मजबूत किया जा सकता है।

12. वनस्पति तेल

वनस्पति तेल को पशु वसा विशेष रूप से सूअर की चर्बी के विस्थापन के रूप में प्रयोग किया जा सकता है। वनस्पति तेल को माँस विस्तार के रूप में प्रयोग किया जाता है क्योंकि यह पशु उत्तकों के कुछ भाग का विस्थापन कर देता है। यह माँस-मिश्रण को ऊष्मा उपचार के बाद नरम और रोचक बनाकर पशु जन्य वसा के कार्य को पूरा करने में भी सहायक है इसलिए यह तेल कार्यवाहक विशेषताओं में भी संपन्न होता है। यह तेल पिसे हुए माँस में वैसे ही मिलाया जाता है जैसे पशुजन्य वसा को मिलाया जाता है। यह ध्यान रखना चाहिए कि तेल माँस में मिलाने से पहले 1 सेलसियस तक ठण्डा कर लेना चाहिए ताकि माँस-मिश्रण का तापमान कम रहे। इस तापमान पर वनस्पति तेल के एक लेहदार संरचना से उत्तम परिणाम प्राप्त किए जा सकते हैं।

13. शर्करा (स्तर 0.5-4.0 प्रतिशत)

शर्करा (सूक्रोज, डेक्स्ट्रोज या कॉर्न सिरप) माँस उत्पादों में विशेष सुगंध को बढ़ाने के लिए और नमकीय स्वाद को कम करने के लिए मिलाया जा सकता है। यह जल सक्रियता को कम करता है। जो शुष्क व डिब्बाबंद उत्पादों के लिए महत्वपूर्ण है। शुष्क किण्वित सोसेज व कच्चे हैम में यह जीवाणुओं के लिए पोषक स्त्रोत का काम करता है, जो शर्करा को जैविक अम्ल (लैक्टिक, एसीटिक) में बदल देते है; जिससे खट्टापन पैदा होता है। शर्करा की पर्याप्त मात्रा विशेषकर

सामान्य एशियन पद्धति वाले परम्परागत उत्पादों में प्रयोग होती है (8 प्रतिशत तक)। जहाँ पर ये जल सक्रियता को कम करने में और सेल्फ लाइफ को बढ़ाने में सहायक हैं। पश्चिमी पद्धति वाले उत्पादों के आने के साप कई जगह यह परम्परा चलती है जहाँ पर शर्करा को स्वाद के लिए प्रयोग करते है। इस प्रकार मूलभूत उत्पादों के स्वाद और सुगंध की तुलना में इन उत्पादों में बदलाव आ जाता है।

14. सुगंधवर्धक

इन पदार्थों को मसालों के साथ भ्रमित नहीं करना चाहिए। यह विशेष माँस–उत्पादों में सुगंध विशेषता को बढ़ाने के लिए प्रयोग किए जाते है। खाद्य प्रोटीन जैसे कि सोया, दुग्ध या रक्त प्रोटीन और खमीरीय अर्क को आंशिक रूप से जलीयकरण किया जाता है अर्थात साधारण भागों (मुख्य रूप से पेपाटाइडस) में तोड़ दिया जाता है, जिसमें माँस गंध होती है और यह माँस गंध को बढ़ाने की विशेषता होती है। एक अच्छा (प्रसिद्ध) माँस सुगंध को बढ़ाने वाला पदार्थ है मोनो सोडियम ग्लूटामेट। यह मुख्य रूप से एशिया में प्रसिद्ध है जहाँ पर इसका प्रयोग बहुत सी माँस के पकवानों में किया जाता है और अन्य पर संस्करित उत्पाद में बी किया जाता है (.5 प्रतिशतया ज्यादा)।

15. खाद्य रंग

ताजे व पर प्रसंस्कृत माँस का रंग खाद्य रंगों द्वारा बदलना एक सामान्य कार्य नहीं है। बहुत से पर प्रसंस्कृत माँस उत्पादों को आकर्षक लाल रंग प्रदान करने का सामान्य तरीका क्यूङ्करग है। क्यूङ्करग का मुख्य काम उत्पाद को रंगना नहीं है अपितु लाल पेशीय वर्धक का नाइट्राइट के साथ रासायनिक क्रिया एक स्थिर लाल रंग प्रदान करना है। जो गरम करने व संग्रहण के दौरान बदलता नहीं है। कुछ परिस्थितियों में विशेषकर निम्न माँस बनाने की प्रक्रियाओं में और इसलिए पेशीय अपचारित वर्ण को वनस्पति जन्य विस्तारक व फिलर के पूरक के रूप में, निर्माता खाद्य रंगों को उत्पाद के रंग बढ़ाने के लिए चयन करते है।

खाद्य रंग प्राकृतिक स्त्रोत (उदाहरण त: संतरीय पीला, वीटा–कैरोटिन, लाल ओलियोरेजिन तथा लाल बीर जूस हरे जाते हैं। अन्य कृत्रिम रूप से बनाए जाते है। आजकल बिटा-कैरोटिन भी कृत्रिम स्त्रोतों से प्राप्त किया जाता है। इनमें से बहुत से विशेष खाद्य पदार्थों में प्रतिबंधित है। कुछ पदार्थों की सुरक्षा का विवाद विशेषकर कृत्रिम पदार्थों का लगातार चल रहा है। कुछ देश माँस उत्पादों में खाद्य रंगों को एक सीमति उपयोग की अनुमति देते है। कुछ पदार्थ (रंगदार) प्रसंस्कृत माँस के लिए प्रयोग नहीं किए जाते है। जबकि अखाद्य सोसेज आवरण

के लिए इनको प्रयोग किया जा सकता है जिन्हें सोसेज उत्पाद के साथ नहीं खाया जाता है। विष संबंधी विचारों के अलावा रंगदार पदार्थों का उपयोग प्रसंस्कृत माँस उत्पादों में गुणवत्ता खत्म होने और स्वच्छता कम होने से संबंधित है। दूसरे देशों ने खाद्य रंगों पर कम बाधाएँ है व माँस उद्योग में इनको आसानी से लागू किया जा सकता है। माँस प्रसंस्करण में लाल व पीले रंग को ज्यादा पसंद किया जाता है जिनके औद्योगिक नाम है रक्तीय लाल, स्तरीय पीला व सूर्यास्त पीला। उपयोग के लिए तैयार घोलों का आधार ट्राट्राजीन (इ 102 पीला) कोचीनीमल अर्क (इ120 लाल) या कारनोसिन (इ122, लाल) है। स्वास्थ्य जोखिम न दने के अलावा खाद्य रंग कुछ तकनीकी आवश्यकताओं को भी पूरा करने वाले होने चाहिए यदि इन्हें माँस उत्पादों में प्रयोग किया जाता है। ये कुछ हद तक ऊष्मा स्थिर होने चाहिए कम से कम पाश्चुराइजेशन करण तापमान (8ँ सेलसियस के लगभग) को सहन करने वाले होने जाहिए। माँस उत्पादों के रंग प्रकाश या ऑक्सीजेन के प्रभाव से बदलने नहीं चाहिए और न ही पी–एच के बदलाव का इन पर नकारात्मक प्रभाव होना चाहिए।

16. संरक्षक

माँस प्रसंस्करण में संरक्षण के पसंद किए जाने वाले तरीके हैं। अच्छे संहार का प्रयोग, मांस संचालन व प्रसंस्करण में स्वच्छता व अवाधित शीतलीय श्रृंखला में अर्द्धव पूर्ण निूमत उत्पादों को बनाना। इन आवश्यकताओं को पूरा करते हुए माँस में जीवाणुओं की मात्रा व रासायनिक संरक्षकों को कम रखने की असल में जरूरत नहीं पड़ती है। रोचकता के साथ पारंपरिक संहार और माँस बाजारीकरण जो कि अभी तक अच्छी संहार सुविधाओं व शीतलीकरण के बिना होती है। संतुष्ट परिणाम प्राप्त कर सकते हैं। इस मामले में समय तत्व एक महत्वपूर्ण भूमिका निभाता है। दुर्भाग्म से भारत के अधिकतर शहरों में मांस अभी तक परम्परागत तरीकों से ही आपूत किया जाता है। अनैच्छिक वितरक वाहकों का लम्बा होता है और शीत सुझाव की अनुपस्थिति माँस के खराब होने के खतरे को बढ़ा देता है। इन परिस्थितियों में माँस संचालन और प्रसंस्करण कर्ता रासायनिक संरक्षकों की गुणवत्ता व सुरक्षा पर भरोसा कर सकता है।

रासायनिक संरक्षक एक संवेदक मुद्दा है परंतु माँस की सेल्फ लाइफ को बढ़ाने के लिए माँस प्रसंस्करण व संचालन के दौरान इसका उपयोग एक महत्वपूर्ण व कीमती भूमिका निभाता है, जिससे माँस उत्पादों में हानि को कम किया जा सकता है। माँस उपयोग में बहुत से सूक्ष्मजीव निवारक पदार्थों का प्रयोग किया जाता है जो उत्पाद की गुणवत्ता व सुरक्षा के लिए बहुत फायदेमंद होते है। कुछ सामान्यि एडिटिव मुख्य रूप से लाल रंग प्रदान करने के लिए

बाँधने के लिए और सुगंध प्रदान करने के लिए प्रयोग होते है। ये मध्यम सूक्ष्मजीवों को रोकने का प्रभाव भी विकसित करते है। विशेषकर नाइट्राइड व फास्फेट। सामान्य नमक का भी सूक्ष्म जीवों के विरुद्ध प्रभाव होता है, उच्च सांद्रता में प्रत्यक्ष व निम्न सांद्रता में अप्रत्यक्ष अपचयित जल सक्रियता के कारण होता है, जबकि ये प्रभाव सीधे तौर पर माँस स्वच्छता और शीतलीकरण को प्रतिस्थापित नहीं कर सकते है, परंतु उनके साथ मिलाकर लाभदायक हो जाते हैं।

दूसरे रासायनिक संरक्षक भी कई देशों में राजकीय रूप से प्राधिकृत हैं और माँस क्षेत्र में विशेषकर स्वच्छता संवेदी परिस्थितियों में प्रयोग किए जाते है। इन रासायनिक संरक्षकों में मूलभूत अम्ल जैसे कि लैक्टिक, साट्रिक और एसिटिक अम्ल सामान्य है। ये प्राकृतिक भोजन के भाग हैं। इसीलिए कई प्रकार के खाद्य प्रसंस्कारण में प्रयोग किए जा सकते हैं। यह ताजा माँस की सतह पर जीवाणुओं की वृद्धि को कम कर सकते है जब इनका छिड़काव माँस स्तह पर किया जाता है। यह प्रसंस्कारित माँस उत्पादों के लिए यह कम उपयुक्त होते है, क्योंकि इनका जल बंधन व स्वाद पर नकारात्मक प्रभाव होता है। उपर्युक्त अम्लों के सोयिडम लवण माँस–उत्पादों के लिए ज्यादा उपयुक्त हैं जिनमें सोडियम लैक्टेट (एक से 1.5 प्रतिशत) सबसे विशेष है। सोडियम लैक्टेट के साथ कम सांद्रता सोडियम एसीटेट व डाई एसीटाइट का भी प्रयोग किया जाता है। पोटेशियम सोरबेट एक प्रभाव फफूंदरोधक है। इसका प्रयोग सोसेज आवरण को डूबाने के लिए किया जाता है और शुष्क माँस के सतही उपचार के लिए (2 प्रतिशत सांद्रता) इसका प्रयोग करते है। ताकि सुखाने व संग्रहण के दौरान फूफंद की वृद्धि न हो। माँस मिश्रण में इसको मिलाना स्वीकार्य नहीं है फिर भी कुछ स्थानों पर इसका प्रयोग किया जाता है। परंतु इसको बढ़ावा नहीं देना चाहिए क्योंकि ऐसा करना ग्राहकों के स्वास्थ्य के लिए खतरनाक हो सकता है। कुछ पाश्चरीकॉत मत्स्य उत्पादों के संरक्षण के लिए पैरा हाइड्रोक्सीबेन्जाइट पदार्थों का प्रयोग किया जाता है (1 प्रतिशत सेकम) यह माँस उत्पादों मुख्य रूप से सोसेज के संरक्षण के लिए भी प्रयोग किया जाता है। कुछ देशों में यह राजकीय रूप से अनुमतित है और अवशेष समस्याओं के कारण माँस में इसका प्रयोग वर्जित है। ऐसी ही परिस्थिति में सोडियम बेन्जाइट (1 प्रतिशत से कम) पर लागू होती है।

17. एंटीअक्सीडेंटस

माँस उत्पाद वसा ऑक्सीकरण से जल्दी सड़ने के लिए अति संवेदनशील होते हैं। कुछ सामान्य प्रयोग होने वाला माँस प्रसंस्करण के घटक ऑक्सीकरण के प्रति क्रियात्मक होते

हैं। उदाहरण : नाइट्राइट, एस्कोर्बिक अम्ल, फास्फेट और कुछ मसाले आदि। सामान्यत: उपर्युक्त पदार्थों में से कुछ की उपस्थिति जैसे कि नाइट्राइट, एस्कोर्बिक अम्ल, एरिथ्रोबेट और फॉस्फेट थोड़े समय के लिए पर्याप्त सुरक्षा प्रदान करते है। लम्बे समय के संग्रहण के लिए उत्पाद निर्वात में बंद किए जाने चाहिए, प्रकाश के सम्पर्क में नहीं आने चाहिए और अच्छे शीतलीकरन में संग्रहण किए जाने चाहिए। माँस प्रसंस्करण उद्योग में डाले जाने वाले रासायनिक एंटीऑक्सीडेंट्स (टोकोफेरोल/विटामिन बी-6) का प्रयोग विशेषकर उन उत्पादों के लिए किया जाता है जिनमें वसा की मात्रा अधिक हो।

18. अनाज

गेहूं को सामान्यत: आटे के रूप में मिलाया जाता है (पूर्ण दाना दिया जाता है या बीज आवरण रहित दाना) जो फिलर का काम करता है। एक सामान्य फिलर उत्पाद है - रस्क, जिसे पानी और थीड़ से नमक के मिश्रण के साथ आटे में मिश्रित किया जाता है, जिसे सेक कर आखिर में तोड़कर अंतिम उत्पाद बनाया जाता है। रस्क एक अच्छा पानी को अवशोषित करने वाला अभिकर्ता है जो कम कीमत वाले उत्पादों में अच्छी बांधन क्षमता प्रदान करता है। इसके लिए डबल रोटी के टुकड़ों का भी प्रयोग किया जाता है। डबल रोटी के टुकड़े पीसे जाते हैं और भूने हुए गेहूं की रोटी के टुकड़े जिन्हें दो ऊष्मीय उपचार (सेंकना व भूनना) से गुजारा जाता है और इस प्रकार उनमें अधिक जल सोखने की क्षमता आ जाती है। विकासशील देशों में विशेषकर एशिया में चावल अधिक प्रयोग होने वाला एक स्थायी भोजन है। कम कीमत वाले माँस उत्पादों में एक अच्छे फिलर का काम करता है। यदि सादा सफेद चावल मिलाया जाता है तो इसे पूर्व पकाने की आवश्यकता होती है या कम से कम पानी में तो भिगो ही देना चाहिए। जब उत्पाद की रेसिपी तैयार करनी हो तो पदार्थ की उच्च जल अवशोषण की विशेषता को ध्यान में रखा जाता है। चावल को भी आटे के रूप में मिलाया जा सकता है।

19. खाद्य फलियाँ

इस वर्ग के सबसे महत्वपूर्ण उदाहरण है - सेम, मटर, लैन्टिल, काऊ-पी और चिक-पीआ। पूर्ण बीज कुछ देशी उत्पादों के लिए प्रयोग किए जाते है। इस बात का ध्यान रखना चाहिए कि दलहन अशुद्धियों से मुक्त होनी चाहिए (धूल, मिट्टी, कीड़े-मकोड़े आदि)। प्रसंस्करण के 1-2 घंटे पहले इन्हें नमक के पानी में भिगो दिया जाता है। पूर्ण बीजों के साथ उत्पादों के तुरंत ऊष्मीय उपचार दिया जाता है ताकि एन्जाइम क्रियाओं के कारण उत्पाद खराब न हो यदि ऊष्मीय उपचार के बिना संग्रहण किया है। देशी क्षेत्र के अलावा माँस-

प्रसंस्करण में दलहने संवर्धित रूप में प्रयोग होती है। सबसे सामान्य और कीमती दलहनी उत्पाद सोयाबीन से प्राप्त होते है। विभिन्न सोया प्रोटीन उत्पाद प्रसंस्कृत माँस में विस्तारक के रूप में प्रयोग होते है। कुछ महत्वपूर्ण इस प्रकार है –

सोया के टुकड़े (दबाए गए आवरण व तेल रहित सोयाबीन) या सोटा आटा (महीन पीसा हुआ) 5% प्रोटीन रखते है। यह माँस लॉफ में और कीमा बनाए हुए माँस उत्पादों में प्रोटीन को बढ़ाने के लिए और माँस जूस को पकड़े रखने के लिए उत्पाद में प्रयोग होता है। इसकी मुख्य कमी इसका बीनी स्वाद और अङ्कतम उत्पाद की बनावट पर नकारात्मक प्रभाव होता है। डाले जाने वाले सोया की मात्रा अलग-अलग हो सकती है परंतु यह 5% (शुष्क) से ज्यादा नहीं होनी चाहिए। सोया सांद्र में 7 प्रतिशत प्रोटीन होती है। यह महीन पीसे हुए माँस-उत्पादों में आटे या दानों के रूप में मिलाया जाता है। यदि इसकी संरचना पिसे हुए माँस की जैसी बनाने के लिए दाना के रूप में बदल दी जाती है तो इसे बनावटी सोया आटे की तुलना में प्रसंस्कृत माँस में कम बीनी गंध पैदा करते हैं। अधिक विस्तारित उत्पादों में इसकी मात्रा 15% (शुष्क) तक हैमबर्ज जैसी चीजों में और 6% तक (शुष्क) कच्चे पके माँस उत्पादों में हो सकती है। प्रसंस्करण से पहले 1:3 के अनुपात में पुनर्जलीकरण जरूरी होता है। निर्गत सोया में 9 प्रतिशत प्रोटीन होता है। यह सोया उत्पाद है जो माँस की तरह काम करता है (यह माँस प्रोटीन के साथ क्रियात्मक होता है) प्रोटीन की संरचना बनाने और जल व वसा बंधन में सोया माँस की तरह काम करता है। यह विशेषकर उन उत्पादों के बनाने में लाभदायक होता है, जिनमें माँस प्रोटीन कम होता है। सोया निर्गत एक बांधक है और 2 प्रतिशत की मात्रा के लगभग मिलाया जाता है। सोया प्रोटीन निर्गत के लिए वसा/जल/सोया प्रोटीन का घोल/जैल बना सकते है और फिर ये जैल मांस मिश्रण में मिलाई जाती है।

20. जड़े व गांठे

जड़े व गांठों वाली फसले पौधों के फूले हुए जड़ों व जमीन के नीचे वाले तनों से प्राप्त होती है, जिनमें बड़ी मात्रा में स्टार्च संग्रहित होता है। ये विकासशील देशों की ग्रामीण जनसंख्या के लिए ऊर्जा का मुख्य स्त्रोत है। एशिया में कसावा व शक्करगंदी सामान्य है। कसावा विभिन्न रूपों में प्रसंस्कृत माँस में विस्तारक के रूप में मिलाया जा सकता है। कसावा के चयन के समय सावधानी रखनी चाहिए क्योंकि इसमें (कुछ प्रजाति के कसावा) विषैले पदार्थ (साइनाइड) हो सकते है। इसी कारण, कड़वी प्रजाति के कसावा का प्रयोग नहीं करना चाहिए।

ताजे कसावा को हाथ से छीला जाता है। ताजा और छिटे हुए कसावा को यदि थोड़े से लवणीय पानी में प्रशीतक में रखा जाए तो 2-4 दिन तक संग्रहित किया जा सकता है। छिली

हुई कसावा की गांठों को ताजे पानी से धोकर छोटे-2 टुकड़ों में काट लिया जाता है। इन टुकड़ों को 8 मि.मि. वाले चकती के ग्राइंडर में पीसकर कीमा बना लिया जाता है या हाथ से घिस लिया जाता है। शुष्क और पिसा हुआ कसावा का आटा, अक्सर आयात किए हुए महंगे गेहूं व मक्की के आटे की बजाय एक सस्ता विकल्प है और इन्हें, उसी तरह प्रयोग किया जाता है, या तो चूर्ण के रूप में या प्रसंस्कृत उत्पाद जैसे कि रस्क के रूप में प्रयोग होता है। ग्रामीण प्रसंस्करण में कसावा स्टार्च छिले हुए ताजा कसावा से बनाया जाता है, जिसे पहले धोकर, फिर काटकर टोकरी में पानी निकालने के लिए रख दिया जाता है। स्टार्च को पानी में अवसाद के रूप में प्राप्त कर लिया जाता है। स्टार्च उत्पादन के बचे हुए कसावा मैल (प्रोटीन में कम व रेशे में ज्यादा) को दाने बनने तक तला जाता है। इस उत्पाद को शुष्क व ठंडे स्थान पर संग्रहित कर लिया जाता है और सभी प्रकार के पके हुए भोजन व ताजे सोसेज के लिए यह एक अच्छा व कम कीमत वाला विस्तारक है। शकरगंदी/आइरिस पोटैटो को ताना व छिला हुआ मिलाया जाता है। इसको कसावा की तरह ही तैयार करते है। साधारण भोज बनाने के लिए आलू कसावा के लिए पूरक है और ये फिलर का काम करते है, जिससे अंतिम उत्पाद का स्वाद बढ़ जाता है। ताजे व छिले हुए आलू को प्रशीतकें यदि लवणीय पानी में रखा जाए तो 2-4 दिन तक संग्रहित किया जा सकता है।

21. सब्जियां व फल

प्याज एक अच्छा उचित फिलर/भरक है और पूर्व पके-पके मांस उत्पादों में यह मसाले का काम करता है। नमी की मात्रा ज्यादा व उच्च जीवाणुओं की संख्या होने के कारण प्रसंस्कृत उत्पादों को तुरंत तैयार व ग्रहण कर लेना चाहिए या पका कर और प्रशीतलीकरण कर लिया जाता है। केला या हरे फलों को भी पूर्व पके हुए सोसेज मिश्रण में मिलाया जा सकता है। ये अन्तिम उत्पाद के स्वाद को आश्चर्यचकित रूप से बढ़ा देते है। कसावा और आलू के साथ ब्लड सोसेज में मांस को 5 प्रतिशत तक विस्थापित किया जा सकता है। केला व अन्य हरे फलों को छिलने से पहले धोने की आवश्यकता होती है। छिलने के बाद, इन्हें छोटे टुकड़ों में काटकर मांस मिश्रण में मिलाया जाता है। इन्हें हमेशा कच्चा ही मिलाया जाता है क्योंकि पकाने से इनकी संरचना खराब हो जाती है।

अध्याय-5
मसाले और छौंकनी/ चटनी

मसाले पौधों के वे सामान्य भाग होते है जो भोजन में सुगंध देते है। मसालों का व्यापार व प्रसंस्करण से एक महत्वूपर्ण भोजन उद्योग का विकास हुआ है जो ग्राहकों की पसंद को पूरा करता है। मसालों के मिश्रण का विकास विभिन्न मांस उत्पादों को सुगंध अभिकर्ता के रूप में किया गया है। प्राकृतिक मसाले, जड़ी-बूटी के पौधे व सब्जियां मसालों के मुख्य समूह है। मांस प्रसंस्करण में उपयोग होने वाले अधिकतर मसाले पिसे हुए होते है। पिसने का तरीका मसालों को कम तापमान पर जमाया जाता है ताकि अलियोरेजीन, जलीय रेजीन व आवश्यक तेजों का नुकसान न हो क्योंकि ये तीव्र सुगंध वाले घटक होते है।

सीजङ्क्षनग एक व्यापक नाम है, उन घटकों के लिए जो प्रसंस्कृत मांस की सुगंध को बढ़ाते है। सुगंध के अलावा, मसाले मांस संरक्षण में भी मदद करते है। नमक और मिर्च आधार है जिन पर मसालों के सूत्र बनाए जाते है। दूसरे घटक जैसे कि मसाले, छोटे जड़ी बूटी वाले पौधे और सब्जियाँ पूरक होते है जो विभिन्न उत्पादों में अलग सुगंध प्राप्त करने के लिए आवश्यक होते है। मसाले वनस्पति अन्य ऐरोमेटिक पदार्थ होते है जिनमें दालचीनी, तेजपत्ता, लौंग, अदरक, जावित्री, जायफल, लाल शिमला मिर्च, इलाइची, धनिया और सरसों आते है। ये संरचना में भिन्न होते है। सुगंधित और तीखे भाग जो इन्हें कीमती बनाते है, वे वाष्पशील तेलों और रेजिन में उपस्थित होते है। इनको निकालने में कुछ सफलता मिली है। मसालों का अर्क, मात्रा बनाने में आसान व संग्रहण में आसान होता है। छौंकनी में कपूर, दिलकश, बे पत्तियां, अजवायन और मरुआ, इनमें से किसी की भी शुष्क पत्तियाँ, सोसेज और दूसरे मांस उत्पादों को बनाने में प्रयोग की जा सकती है। छौंकनी में सब्जियाँ, प्याज व लहसून है। सभी मसाले शुष्क जगह पर संग्रहित करने चाहिए और अगर संभव हो तो सीलबंद डिब्बे में रखना चाहिए। ये सीधे प्रकाश के संपर्क में नहीं आने चाहिए और उत्पाद निर्माण के दिन ही पीसने चाहिए।

टेबल 1 : मांस उत्पादों में प्रयोग होने वाले सामान्य मसाले

क्रमांक	मसाले के नाम	उपयोग
1.	काली मिर्च (सभी प्रजातियां)	कई मसालों लौंग, मिर्च, दालचीनी और जायफल की सुगंध। सभी प्रकार के सोसेज में प्रयोग।
2.	सौंफ	सुंगध अमिकर्ता, घरेलू पाक कला, कस्मैटिक व दवाइयों में प्रयोग। यह सबसे पुराने मसालों में से एक हैजो तरी, अचार, सूप व पेय पदार्थों में सुगंध के रूप में प्रयोग होता है। सौंफ का तेज इटालियन सोसेज, पिज्जा टॉप और दूसरे मांस उत्पादों में प्रयोग होते है।
3.	तेजपत्ता	यह अचार, आधारिय मसाले, मांस व सब्जियों में प्रयोग होता है। पिसी हुए तेजपत्ता कई मिश्रण में प्रयोग, सुगंध अभिकर्ता के रूप में धूप, ग्रेवी में प्रयोग।
4.	काली मिर्च	मसालों के राजा के नाम से जाना जाता है और इसके अलावा दूसरा कोई मसाला इतनी विभिन्न डिश में सुगंध देता है। काली मिर्च की तेश व तीखी गंध इसको किसी भी भोजन के लिए उपयुक्त बनाती है। पाइपलाइन तीखेपन का मुख्य भाग होता है जो वाष्पीय तेल है और यही सुगंध और स्वाद पैदा करता है। यह विभिन्न मसालों, सुगंध देने वाला, भोजन में स्वाद व रंग के लिए और दुर्गन्ध को मिटाने वाला होता है।

5.	शिमला मिर्च	सभी शिमला मिर्च में उपस्थित कैपसेसनि वर्णक इसके लाल रंग के लिए जिम्मेदार होता है। कैपसेसिन शिमला मिर्च को तीखी गंध प्रदान करता है। भोजन में ये सोसेज को रंग और तीखापन प्रदान करते हैं। यह सुमित पॉर्क, सूप और डिब्बाबंद उत्पादों में भी प्रयोग होता है। रंग के अलावा पैपरिका इसके सुगंध के लिए भी कीमती है।
6.	इलायची	इसे मसालों की रानी कहा जाता है। इलायची, प्रसंस्कृत मांस व लेकरी उत्पादों में प्रयोग होती है। यह सामान्यत आचार, मांस और डिब्बाबंद सूप में सुगंध अभिकर्ता के रूप में प्रयुक्त होती है परंतु इलायची का तेज वातावरण के संपर्क में आने पर कुछ दिनों में दुर्गंध पैदा कर देता है।
7.	दालचीनी	प्रसंस्कृत मांस में पिसे रूप में प्रयोग। यह चुने हैम को और दूसरे मांस को जड़ने के काम आता है। अचारीय मांस उत्पादों के लिए मसाले के रूप में यह प्रयोग होती है।
8.	लौंग	यह भी पिसे रूप में प्रयोग होती है। ग्राहक स्तर पर यह बेक्ड हैम और दूसरे मांस को भरने के काम आता है। यह अचारीय मसालों में भी प्रयोग होता है।
9.	धनिया	धनिया करी चूर्ण और भारतीय मसालों का आवश्यक भाग होता है। बीज और इसका अर्क सोसेज में प्रयोग होता है।

		पूर्ण धनिया, मांस और अचार में अचारीय मसालों के रूप में प्रयोग होता है। बीज भारतीय मसाला मिश्रण (गरम मसाला का मुख्य भाग है)।
1`.	जीरा	जीरे की विशेष गंध इसमें मौजूद कुमल्डेहाइड के कारण होती है। यह सुगंध देता है और संरक्षक का काम करता है। इसमें औषधीय गुण भी होते है जैसे उत्तेजक, एंठन विरोधी, गैसरोधक और जीवाणुरोधी आदि। पिसा हुआ जीरा नींबू आधारित मैरीनेट जो कि चिकन, टर्की, लैम्ब और पॉर्क करी में प्रयोग होता है। बहुत से मांस उत्पादों में यह सुगंध अभिकर्ता के रूप में प्रयोग होता है।
11.	जायफल और जावित्री	जायफल व जावित्री एक ही फल के दो अलग-अलग भाग होते हैं। जायफल प्रसंस्कृत मांस में बहुत प्रयोग होता है। जायफल और इसका तैलीय रेजिन सूप और मांस उत्पादों के मसालों में प्रयोग होता है। जीवित्री प्रसंस्कृत मांस उत्पादों जैसे कि सोसेज, सूप, अचार और चटनी में प्रयोग होता है।
12.	हल्दी	हल्दी में कुरकुमिन नामक वर्णक होता है जो हल्दी को पीला रंग प्रदान करता है। पीली वर्णक कुरकुमिन और मीथॉक्सीरहित कुरकुमिन हल्दी और अदरक में पाए जाते है जिनमें तेज एंटीऑक्सीडेंटस क्रिया होती है। हल्दी मांस पकवानों और सूप में प्रयोग होती है।

13.	करी पत्ता	करी पत्ते मुख्य रूप से मसाले और सुगंधित पकवानों में प्रयोग होते है। करी पत्तों में एंटीऑक्सीडेंट्स शक्ति पाई गई है। विभिन्न मांस उत्पादों में इन्हें सुगंध देने वाला, एंटीऑक्सीडेंट व जीवाणुरोधी के रूप में प्रयोग किया जाता है।
14.	लहसून	लहसून में एक तीखी गंध होती है और इसकी विशेष सुगंध किसी दूसरी औषधि से नहीं मिलती है। लहसून विभिन्न मांस उत्पादों में, सूप, सोसेज और करी भोजन में सुगंध अभिकर्ता के रूप में प्रयोग होता है।
15.	प्याज	प्याज की विशेष गंध व तीखापन, इसमें पाए जाने वाले सल्फर यौगिको के कारण होते है। इसके पाक कला संबंधी प्रयोगों के अलावा, इसमें औषधीय गुण होते है जैसे कि उत्तेजक, मूत्रवर्धक, कफोत्सारक, अल्प शर्करा तक, अपधापित कोलेस्ट्रॉल आदि। प्याज की सूक्ष्मी जीवी रोधी विशेषताएं एलीसीन, डाइसल्फाइड और सीसटीन यौगिको के कारण होती है। प्याज, मांस पकवानों और सूप बनाने में प्रयोग होता है।

अध्याय-6
पकना/ ऊष्मीय उपचार

प्रसंस्कृत मांस उत्पादों का ऊष्मीय उपचार निम्नलिखित उद्देश्य पूरा करता है उदाहरण - एच्छिक बनावट में सुधार, सुगंध व रंग में सुधार, मांस उत्पादों को ज्यादा खाने योग्य व ग्रहण के लिए सुधावर्धक बनाना, सूक्ष्मजीवों को कम करना और इस प्रकार संरक्षण प्रभावों को प्राप्त करते हुए संग्रहण क्षमता को बढ़ाना और खाद्य विषैले पदार्थों को हटाकर खाद्य सुरक्षा को बढ़ावा देना। ऊष्मीय उपचार मांस को खाने योग्य और ग्रहण योग्य बनाने का सबसे सामान्य तरीका है। मांस और मांस पकवान बनाने के लिए, दो मूलभूत तरीके है - शुष्कताप, जिसमें मांस गर्म हवा के द्वारा घेरा जाता है। और आद्र ताप, जिसमें मांस को गर्म द्रव्य से उपचारित किया जाता है।

मांस प्रसंस्करण में प्रयुक्त तापीय परिमाण, उत्पाद के प्रकार के आधार पर ताप व समय में भिन्न होते है। ऊष्मीय उपचार विधियों मांस में विभिन्न भौतिक-रासायनिक बदलाव पैदा करती है, जो प्रसंस्कृत उत्पादों पर लाभदायी संवेदक व स्वच्छ प्रभाव डालती है। प्रसंस्कृत मांस उत्पादों का ऊष्मीय उपचार निम्नलिखित उद्देश्यों को पूरा करता है - एच्छिक बनावट, सुगंध व रंग में सुधार, मांस उत्पादों को ज्यादा खाने योग्य व ग्रहण के लिए सुधावर्धक बनाना, सूक्ष्मजीवों को कम करना और इस प्रकार संरक्षण प्रभावों को प्राप्त करते हुए संग्रहण क्षमता को बढ़ाना और खाद्य विषैले पदार्थों को हटाकर खाद्य सुरक्षा को बढ़ावा देना। ऊष्मीय उपचार मांस को खाने योग्य और ग्रहणयोग्य बनाने का सबसे सामान्य तरीका है। तेज ताप का प्रभाव मांस प्रोटीन को स्कंदन व विकृतिकरण करता है और वसा व शर्करा में संरचनात्मक और रासायनिक बदलाव पैदा करता है, जो मांस को नरम और स्वाद बना देता है। इसके साथ, ऊष्मीय उपचारित मांस से पोषक तत्वों का अवशोषण मानवीय आहार नलिका में आसान हो जाता है। आधुनिक समय में, लंबे विस्तारित माध्यम से और बाजार में प्रसंस्कृत मांस उत्पादों की प्रसिद्धि व धीरे-धीरे वृद्धि स्वच्छता पक्ष जो जीवाणु को कम करता है, धीरे-धीरे बढ़ते हुए महत्वपूर्ण हैं।

जीवाणुओं की रोकधाम के लिए ऊष्मीय उपचार : मांस पकवानों की तुलना में, जो बनाने के तुरंत बाद खाए जाते है, बहुत से प्रसंस्कृत मांस उत्पाद बनाने के दौरान ऊष्मा से उपचारित किए जाते है और अगले चरण में इन्हें ठण्डा किया जाता है, क्योंकि विस्तार और

विक्रय के लिए ये कम या ज्यादा संग्रहण समय के लिए रखे जाते है। इसलिए प्रसंस्कृत उत्पाद पर्याप्त शेल्फ-लाइफ वाले होने चाहिए, जो तभी प्राप्त किए जा सकते है यदि सूक्ष्म जीवों की मात्रा कम या शून्य हो। संहार के दौरान, और उसके तुरंत बाद मांस को काटना और प्राथमिक प्रसंस्करण चरणों में, सूक्ष्मजीवों की संख्या मांस में धीरे-धीरे बढ़ती जाती है। इसलिए प्रसंस्करण चरण के अंत में ऊष्मीय उपचार सूक्ष्म जीवों को रोकने के लिए महत्वपूर्ण है। यह सूक्ष्म जीवों को खत्म करने का एक प्रभावी यंत्र है।

बनावट, सुगंध और रंग को बढ़ाना ऊष्मीय उपचार के द्वारा : सबसे पहले ऊष्मीय उपचार जो प्रसंस्करण के दौरान हो (उपचार) को ग्रहण के तुरंत पहले वाले ऊष्मीय उपचार से अलग करना चाहिए। कुछ प्रसंस्कृत मांस उत्पादों के लिए केवल उपचार (1) की ही आवश्यकता होती है और ऐसे उत्पादों को ठण्डा ही खाया जाता है। दूसरे उत्पाद, जिन्हें बनाने के दौरान उपचार (1) दिया जाता है, उनको ग्रहण से पहले दोबारा गर्म किया जाता है (उपचार 2) और इन्हें गर्म खाया जाता है। क्योरड पके उत्पादों (पका हैम) या कच्चे-पके सोसेज उत्पादों (उपचार-फ्रैंकफर्टर या बोलोग्ना सोसेज) के लिए अन्तिम प्रसंस्करण चरण में अत्यावश्यक उपचार (1) दिया जाता है ताकि पहले से द्रव्य या अर्द्धद्रव्य पेशयी प्रोटीन संरचना को तापीय स्कंदन के द्वारा एच्छिक लचीली बनावट प्राप्त हो सके। जैव रासायनिक प्रक्रियाओं द्वारा सुगंध और स्वाद में सुधार और एक लाल क्योङ्करग रंग प्राप्त करने के लिए बहुत से मांस उत्पादों में क्योङ्करग लवण का प्रयोग किया जाता है।

पूर्व पके-पके मांस उत्पाद जैसे- यकृत सोसेज, रक्त सोसेज आदि को 2 ऊष्मीय उपचारों (1) से गुजारा जाता है। है। कच्चे पदार्थों को पहले पूर्वपक्ति किया जाता है और फिर प्रसंस्कृत किया जाता है और आवरण व डिब्बों में भरने के बाद दूसरा ऊष्मीय उपचार दिया जाता है। यह मुख्य रूप से स्वाद व सुगंध को बढ़ाता है परंतु कीटाणु कम होने के कारण अन्तिम उत्पादों के संग्रहण का समय भी बढ़ जाता है। दूसरा समूह, ताजे मांसीय उत्पाद (सोसेज या बर्गर) को बिना ऊष्मीय उपचार के बनाया जाता है। इन उत्पादों के लिए, ताजे कच्चे घटकों को पीसकर मिलाया जाता है। उसके बाद ऊष्मीय उपचार, तलना, ग्रहण से तुरंत पहले उपचार (2) किया जाता है। क्योंकि उत्पादों को गर्म ही खाया जाता है। केवल 2 प्रकार के मांस उत्पाद ही अस्तित्व करते है, जो नि्मत किए जाते है और सामान्यतर बिना ऊष्मीय उपचार के ही ग्रहण किए जाते है, कच्चे किण्वित मांस उत्पाद, जैसे कच्चा हैम, शुष्क सोसेज और कच्चे शुष्क मांस उत्पाद।

मांस पकवानों के लिए तापीय परिमाण

मांस पकवानों के लिए मांस को पकाना, 2 आधारभूत विधियों से संबंधित है : शुष्क ताप जिसमें मांस को गर्म हवा से झोंका जाता है, और आद्र ताव जिससे मांस को गर्म द्रव्य से उपचारित किया जाता है। शुष्क तापीय तरीके है - उबालना (मांस को ओवन में रखा जाता है)।

मैन तलना (कड़ाही में दोनों तरफ भुना जाता है), हिलाकर तलना (एशियन तलने वाली कड़ाही में छोटे मांस टुकड़ों को लगातार हिलाते हुए तलना), गहरी वसा में तलना (पूर्णत: वसा में डूबा हुआ मांस) और भुनना (मांस एक गिल पर रखा जाता है खुले बर्तन में भुनना, बिना पानी मिलाए वसा को ऊपर रखते हुए) आद्र ताप विधियां है - दम देकर पकाना (पानी और दूसरे घटक जैसे दूध व सब्जियां मिलाना), स्टीङ्ख्वग (छोटी मांस के टुकड़ों वाले द्रव्य में पकाना) और सिमङ्क्षरग (बड़े मांस के टुकड़ों वाले द्रव्य में पकाना, सामान्यतर कम तापमान और लम्बे समय के लिए)।

मांस उत्पादों के लिए तापीय परिमाण

घरों या रेस्टोरेंट में मांस पकवान बनाने के लिए, सटीक तापमान के नियंत्रण की आवश्यकता नहीं होती और यह केवल कम, मध्यम और उच्च शुष्क या आद्र ताप में बंटा होता है। मांस पकवान अक्सर पकाने के तुरंत बाद ग्रहण किए जाते है, इसलिए ऊष्मीय उपचार (आधारभूत भोजन सुरक्षा के अतिरिक्त) मुख्य रूप से संवेदक कारणों से होता है। बढ़ी हुई शेल्फ लाइफ प्राप्त करना आवश्यक नहीं होता। प्रसंस्कृत मांस उत्पादों के लिए सटीक तापमान नियंत्रण अत्यावश्यक होता है क्योंकि दो विपरीत आवश्यकताओं को संतुलित करना होता है - ऊष्मीय उपचारित तापमान को इतना बढ़ाना चाहिए ताकि पर्याप्त शेल्फ लाइफ को बढ़ाने के लिए सूक्ष्म जीवों को कम करना और ऊष्मीय उपचार तापमान को कम इतना कम रखना चाहिए ताकि खाने की गुणवत्ता खराब न हो।

प्रसंस्कृत मांस उत्पादों का ऊष्मीय उपचार संवेदन और स्वच्छ आवश्यकताओं के अनुसार समायोजित करना चाहिए। कठिन स्वच्छ परिस्थितियों में (उदाहरण, गर्भवातावरण, अधिक दूषित कच्चा मांस, शीत श्रृंखला टूटने का खतरा) अधिक ऊष्मीय उपचार लागू करने की जरूरत होती है। जबकि इससे खाने की गुणवत्ता में गिरावट और पकावन हानि हो जाती है।

यदि मांस उत्पादन और मांस संचालन परिस्थितियों अच्छी से (उदाहरण-मध्यम जलवायु, ताख्य-स्वच्छ कच्चा माल, बहुत अच्छा प्रसंस्करण और संग्रहण परिस्थितियों तो ऊष्मीय उपचार कम हानिकारक हो सकता है जो अच्छे संवेदक गुणवता परंतु स्वच्छता के रूप से अधिक संवेदनशील उत्पाद पैदा करता है।

टेबल : अनुशासित न्यून सुरक्षित आतंरिक तापमान

कुक्कुट (गहरा मांस)	8° सेलसियस
कुक्कुट (हल्का मांस)	11° सेलसियस
पिसा हुआ कुक्कुट	14-8° सेलसियस
पिसा बीफ और सभी प्रकार का पॉर्क	71° सेलसियस
बीज विल लंबे लंबे व मध्यम टुकड़ों	63° सेलसियस

अध्याय-7
ताजे प्रंसस्कृत पोर्क उत्पाद

ताजे पोर्क उत्पादों जैसे फाइनली कम्मुयनीकेटेड, मिनसड या चकती पोर्क में वसा की मात्रा मांसपेशियों से चिपकी हुई अथवा अलग से मिलाई जाती है। इन उत्पादों में सभी मीट और नान-मीट घटक ताजे (कच्चे) रेफ्रीजिरेटिड या नान-रेफ्रीजिरेटिड स्तर पर मिलाए जाते है। इन उत्पादों का स्वाद बढ़ाने हेतु उपभोग से पहले उष्मा प्रभाव (फ्राइग, कुकिंग) किया जाता है।

ताजे पोर्क उत्पादों जैसे फाइनली कम्मुयनीकेटेड, मिनसड या चकती पोर्क में वसा की मात्रा मांसपेशियों से चिपकी हुई अथवा अलग से मिलाई जाती है। इन उत्पादों में सभी मीट और नान-मीट घटक ताजे (कच्चे) रेफ्रीजिरेटिड या नान-रेफ्रीजिरेटिड स्तर पर मिलाए जाते है। इन उत्पादों का स्वाद बढ़ाने हेतु उपभोग से पहले उष्मा प्रभाव (फ्राइग, कुकिंग) किया जाता है। इन उत्पादो में महक के लिए साधारण नमक और मसाले मिलाए जाते है, लेकिन क्युरिंग नहीं कि जाती। कई उत्पादो में अन्य नान-मीट इनग्रेडियण्ट भी कम मात्रा में सुगंध और बाइनडिंग को बढ़ाने के लिए मिलाए जाते है। कम कीमत वाले प्रोडक्ट में ये अधिक मात्रा में आयतन को बढ़ाने के लिए मिलाए जाते है।

खाने से पहले इन उत्पादों को आग पर (फ्राईंग/कुकिग) पकाया जाता है ताकि ये खाने योग्य बन सके। कई बार इन प्रोडक्टस को गर्म ही खाने के लिए सर्व करने से पहले पकाया जाता है। इनमें से ज्यादातर फ्रैश मांस में भरा जाता है, जिन्हें सोसेज कहा जाता है। कई बार इन्हें बर्गर या पेटीज की तरह भी तैयार किया जाता है।

पैटीज/बर्गर

पैटीज को बनाने के लिए मिनसड मीट का उपयोग किया जाता है जिसको 8-15मि.मी. चौड़ी (डायामीटर) और 5-1 मि.मी. ऊंचे की चक्ती के आकार में बनाया जाता है। बाजारीतोर पर इन्हें हैमबरगर या सामान्य बरगर कहा जाता है। मीट के अलावा कुछ और खाने योग्य उतक जैसे वसा / जुड़े हुए उतक/ टेण्डज भी इनमें मिलाए जाते है, जिनकी मात्र प्रोडक्ट की प्रकार और गुणवत्ता पर निर्भर करती है। ऑद्योगिकी में इन उतक को लोन मीट से अलग कर लिया जाता है और फिर दोबारा निश्चित मात्रा में डाला जाता है ताकि प्रोडक्ट की रसायनिक गुणवता (प्रोटिन, वसा, पानी) एक जैसी रहे। बर्गर की खासियत यह है कि

मिनसिंग (1-3 मि.मी. चक्ती) और बलैण्डिग के दौरान इसमें नमक और मसाले (मुख्यता काली ओर सफेद, जड़ी-बुटी, लहसुन या प्याज) मिलाए जाते है। कुछ तरह के सस्ते उद्दयोगिक फारमोलेशन मे टेक्सचरड सोया प्रोटिन (25 प्रतिशत तक) को अमासाहरी इनग्रेडियन्ट तौर पर मिलाया जाता है। कुछ और अमासाहरी इनग्रेडियन्ट जैसे कि रस्क, ब्रेड, क्रुम्ब और जड़ो व टुबर के सुखे हिस्से का उपयोग भी किया जाता है। बग्रर को फ्रोजन अवस्था में स्टोर किया जाता है और उपभोग से पहले पैन फ्राई किया जाता है। बग्रर के अन्दर की सतह का तापमान 80^0 डि.से. तक पहुंचाया जाता है ताकि खाद्य विषाकत एजेन्ट को खत्म किया जा सके (लिशचिरया, सालमोनीला या इ. कोलाई डि १५७:४७)। बग्रर को ब्रेड रोल या बनस पर चीज मायोनेज हरी सालाद, सरसो इत्यादि कि चक्ती के साथ परोसा जाता है।

ताजे सोसेज

यह प्रसस्कृत मांस उत्पादों का सबसे पुराना रूप है। इनका उत्पादन ऐसी हर जगह किया जाता है जहां पशुओं का स्लाटर किया जाता है, जिससे मांस और केसिंग प्राप्त होता है। सबसे साधारण तरीके में, चाकू के इलावा किसी और यंत्र की आवश्यकता नहीं पड़ती। ताजे मांस और वसा को नमक और मसालो के साथ मिलाकर पशु की छोटी आंत से बनाई गई केसिंग में भर दिया जाता है। उच्चतम गुणवत्ता वाली सोसेज में मुख्यत: लीन मांस और वसा होती है। कम खर्च वाले सोसेज में अमांसहारी एक्सटैंडर का उपयोग भी किया जाता है। ताजे सोसेज उत्पाद छोटे स्केल के मांस आऊटलेटस के लिए उचित है क्योंकि मांस और केसिंग स्थानीय तौर पर बनाए या खरीदे जा सकते है। इन सोसेज को प्रंसस्करण स्तर पर उष्मा प्रभाव नहीं किया जाता बल्कि इन्हें उपभोग से पहले रोस्टेड, फ्राईड, उबाल या उष्मा प्रभावित किया जाता है।

इनमें मांस का चुनाव और लीन/वसा अनुपात उपभोक्ता की सभ्यता की परीफ्ररेन्स व उम्मीद के हिसाब से बदलता रहता है। ज्यादतर ताजे सोसेज मोटे चोपअड उत्पाद है। इसलिए लीन मांस टेण्डन व सख्त कनेकिटिव ऊतक रहित होना चाहिए तथा सिर्फ कठोर वसा (पोर्क बैक वसा) का इस्तेमाल करना चाहिए। सख्त कनेकिटिव ऊतक उत्पाद में सख्त रहते है तथा मुलायम वसा ऊतक इनको ग्रीसी बनाते है। इन उत्पादों में वसा की मात्रा 25 प्रतिशत से ज्यादा नहीं होना चाहिए क्योंकि फ्राईंग या पकाना के दौरान वसा घुलने के कारण संकुचन हो सकता है। पारम्परिक विधि में, सिर्फ नमक (10-15 ग्रा. प्रति कच्चा पदार्थ) ही मिलाया जाता है क्योंकि इन उत्पादो में क्यूरड लाल मांस के रंग की आवश्यकता नहीं होती। इसलिए क्यूरिंग नमक (नाइट्राईट) अवांछनीय है।

ताजे सोसेज में मिलाये जाने वाले मसालों में ज्यादातर मिर्च, मेस, धनिया, लाल मिर्च, दालचिनी, आदरक ओर जिरा है। स्वाद और महक को देखते हुए कुछ भाग में प्याज और लहसून भी मिलाया जा सकता है। 'फ्राईंग सोसेज' जो कि मुख्यत: मांस और वसा से बनते है तथा पूरी दुनिया में मशहूर है। मोटे चोपअड ताजे सोसेज बनाने के लिए लीन मांस और वसा को हाथ से छोटे टुकड़ों में काटकर, नमक, मसालों व अमांसहारी इनग्रिडियन्ट के साथ मिलकर आदरक में 4-6 मि.मी आकार की चक्ती में पिसकर किया जाता है। दूसरे प्रकार के मांस सोसेज में पतले चोपअड कच्चे पदार्थ या मोटे या पतले चोपअड हिस्से का मिश्रण होता है। इन विभिन्न प्रकार के उत्पादों में अण्डे, दूध, स्टार्च इत्यादि का प्रयोग पूर्ण उत्पाद की बेजोड़ता को बढ़ाने के लिए किया जा सकता है। इस तरह के पतले चोपअड मांसीय मिश्रण बनाने के लिए बाऊल कटर अति आवश्यक है। बाऊल कटर के प्रयोग द्वारा अधिक मात्रा में एक्सटैंडर को कम खर्च वाली रेसिपि में मिलाया जा सकता है।

पिसने के बाद मिश्रण को पतली और मध्यम भाग की खाने योग्य केसिंग में डाला जाता है। केसिंग बनाने के लिए भेड़ या सूअर की छोटी आंतो का प्रयोग किया जाता है। केसिंग में भरने के पहले इसको अच्छा तरह से पानी से साफ करना चाहिए। केसिंग को इनकी अधिकतम क्षमता तक भरा जाता है, और फिर इनको वांछनीय आकार के हिसाब से लाइकिंग तथा टविस्टिंग के द्वारा छाँटा जाता है। प्राकृतिक केसिंग के स्थान पर खाने योग्य कोलाजन केसिंग का प्रयोग भी किया जा सकता है। इसके द्वारा बेहतर मानकीकरण और अधिक मात्रा में उत्पादन किया जा सकता है। केसिंग न होने की अवस्था में मिश्रण को मांस रोल (त्वसारहित सोसेज) मील साल्टस, बग्रर तथा पेटीज के आकार में भी बनाया जा सकता है।

ताजे सोसेज जल्दी खराब होने वाले उत्पाद है क्योंकि सुक्ष्मजीवी क्षति और आक्सीकरण रेनसीडीटी बहुत जल्दी पैदा होती है। बनने के बाद जल्द से जल्द इनका उपभोग जरूरी है या इनको रेफ्रीजिरेशन के निचे स्टोर करना चाहिए। इनकी अधिकतम स्टोरेज आयु 4^0 डि.से. या निचे पर 3 दिन है। -18^0 डि.से. पर इनकी आयु 3 महीने तक बढ़ाई जा सकती है। हालांकि फ्रोजेन स्टोरेज के साथ जुड़ी हुए एक समस्या आक्सीकरण रेनसीडीटी भी है। इनको वैक्युम बैग में स्टोर करने पर जल्दी खराब/रेनसिड होने से बचाया जा सकता है।

अध्याय-8

परिपक्व-पक्व पोर्क उत्पाद

पक्व-परिपक्व उत्पाद बनाने मे जैसे की नाम दर्शाता है यहां दो प्रकार की उष्मा की प्रकिया जो कि होती है। पहली प्रकिया जिसमे कच्चे मांस को 100^0 डि.से. कम तापमान पर परि-पक्व किया जाता है। दुसरी उष्मा प्रभाव पाश्चुराइजेशन तापमान (80^0 डि.से. के आसपास) पर होती है। जिसमे सोसेज जोकि या तो कृत्रिम या फिर प्राकृतिक केसिंग मे होते है तथा जिससे सेल्फ लाइफ लिमिटेड हो जाती है और इनमें फ्रीज की जरुरत होती है। परिपक्व मांस उत्पाद दूसरे अलग प्रसंस्कृत उत्पादो से कच्चे मांस मे ही नही बल्कि जैव मांस सह उत्पाद और गैर मांस के प्रयोग में भी अलग होते है।

पक्व-परिपक्व उत्पाद बनाने मे जैसे की नाम दर्शाता है यहां दो प्रकार की उष्मा की प्रकिया जो कि होती है। पहली प्रकिया जिसमे कच्चे मांस को 100^0 डि.से. कम तापमान पर परि-पक्व किया जाता है (आमतौर पर 80^0 डि.से. के आसपास) दुसरी उष्मा प्रभाव पाश्चुराइजेशन तापमान (80^0 डि.से. के आसपास) पर होती है। जिसमे सोसेज जोकि या तो कृत्रिम या फिर प्राकृतिक केसिंग मे होते है तथा जिससे सेल्फ लाइफ लिमिटेड हो जाती है और इनमें फ्रीज की जरुरत होती है। स्टीरीलाइजेशन तापमान पर (>100 डि.से) उत्पादो को शीशे के जार में, रिटोर्ट. पाऊच, टीन, या केन मे भरा जाता है जिनसे लाईफ बढ़ जाती है और फ्रीज की भी जरुरत नही होती है। परिपक्व मांस उत्पाद दूसरे अलग परिपक्व उत्पादो मे ही नही बल्कि जैव मांस, और गैर मांस के प्रयोग में भी अलग होते है। कच्चा मांस जो कि परिपक्व उत्पाद बनाने मे प्रयोग होता है उसमें कम मांसपेशी, वसा, खुन, हैड, त्वचा, लीवर और दुसरे खाने याग्य सह उत्पाद होते है। परिपक्व कुकड़ मांस उत्पाद जिनमें उत्तको का मिश्रण होता है उनमे पोषक क्षमता अच्छी होती है। बहुत सारी विधि मे परिपक्व उत्पादों दुसरे पौधो के दाने साथ होते हैं ये स्थानीय उपलब्धता और उपभोक्ता की आदतों पर निर्भर करते है।

बनाने के सामान्य सिद्धान्त

पशु के उत्तकों से परिपक्व उत्पाद बनाने से पहले तापमान प्रक्रिया की जाती है। परिपक्व नीचे दिये गए कारणो के लिए की जाती है : कुकिंग सिर एवं पैर की हडडियो से मुलायम उत्तक हटाने मे मदद करती है और चमड़ी जैसे उत्तको को और नरम बना देती है जिससे की इनकी प्रोसेसिंग आसानी से हो सके। इसके साथ-साथ, यह सुक्ष्मजीवो (जीवाणुओ) को

भी कम करती है। कच्चे माल (चमड़ी, सिर) मे जीवाणु संख्या ज्यादा होती है क्योकि पशु को स्लाटर करने के दौरन इनमे ज्यादा गंदगी होती है क्योकि मांसपेशियो की तुलना मे इनसे ज्यादा हैडलिग होती है। इसलिए दुसरी उष्मा प्रभाव के साथ-साथ परिपक्व भी जरुरी होती है। जिससे कि अतिंम उत्पादक की सग्रहण अच्छी हो। परिपक्व से पहले सिर व चमड़ी पर बचे हुए बाल हटा देने चाहिए। कच्चा सामान जो कि पशुओ से मिलता है, परिपक्व-पक्व उत्पाद बनाने मे काम आता है तथा बहुत ही जल्दी खराब होने वाला होता है। इसलिए मांस उत्पाद में ना सिर्फ दो उष्मा प्रभाव पर विश्वस करना चाहिए बल्कि इनकी प्रोसेसिंग भी साफ-सफाई बाले तरीके से करनी चाहिए। अंदुरनी शरीर के भाग संहार के बाद जल्दी से जल्दी धो लेने चाहिए। अन्तिम उत्पाद मे महक और स्वाद के लिए पशु के उत्तको से जल्दी से उत्पाद बाना लेने चाहिए। आधुनिक मांस उत्पादन खुन और लीवर के प्रयोग में कुछ मोडीफिकेशन की जाती है। खुन और लीवर को कच्चे ही मिश्रण मे मिलाया जाता है ताकि प्रसंस्कृत उत्पादो की जल बधन क्षमता तथा रंग मे सुधार हो सके। कच्चा लीवर और कच्चे खुन को मिलाने के दौरान धयानपूर्व उनकी हाइजिन करनी चाहिए ताकि सुक्ष्मजीवो की संख्या कम हो सके।

परिपक्व का समय कारकास के भागो के नेचर, पशु की आयु और अन्तिम उत्पाद के गुणो पर निर्भर करता है। परिपक्व समय सभी प्रकार के पशु उत्तको के लिए अलग-अलग होता है। इसलिए उनको अलग-अलग पकाया जाता है।

कच्चा सामान जोकि हडियो के साथ और सयोजी उत्तक से भरपुर है जैसे कि सुकर हैड, पुंछ और पांव, इनको तब तक पकाया जाता है, कि गरम उत्तको को हडियो से हाथो के साथ हटाया जा सके। सुकर चमड़ी को पकाया जाता है जब तक जो वह नरम हो जाए की आसानी से मिनस की जा सके। ज्यादा पकाने से बचाना चाहिए क्योकि ये उत्तको को ज्यादा ही नरम बना देती है। परी कुंकिग तापमान को ध्यानपुर्वक संतुलित करना चाहिए और इसको 80^0 डि.से. से 90^0 के वीच मे रखना चाहिए और उत्तक का तापमान $+80^0$ डि.सी. से अधिक नही होना चाहिए। परिपक्व से उष्मा प्रभावित उत्तको के भार मे भी कम होती है। (3% कमी की भरपाई करने के लिए उसमे उसी के बराबर पानी या गर्म मांस झाग मिलाया जाता है। कुकिंग झाग मिलाने से अन्तिम उत्पाद का स्वाद भी बढ़ जाता है।

जैव उत्तक की च्वाइस : किस प्रकार के और कितनी मात्रा मे उत्तक लेने है ये इस बात पर निर्भर करता है कि किस प्रकार का परिपक्व उत्पाद बनाना है। लीवर सोसेज और लीवर पेट

को अच्छी तरह से पिसा जाता है और मिक्सर बनाया जता है। उसके लिए ज्यादा वसा उत्तक लिए पाते है जबकि सयोजी उत्तक की मात्रा मे कमी होती है। बाद मे जब ये ठण्डे होते है इन पदार्थ उत्पादो को चकती मे काटा जा सकता है। दाने सोसेज के लिए ऐसा कोई नियम नही परन्तु स्थानीय आदतों के अनुसार प्राथमिकता दी जाती है।

(1) लीवर सोसेज/लीवर पैट उत्पाद

परिपक्व-पक्व उत्पादों मे से लीवर सोसेज और लीवर पैट सबसे ज्यादा पंसदीदा होते है। उत्पाद बनाने के लिए जो मिश्रण प्रयोग होता है उसमे परिपक्व मांस की ट्रीमिंग नरम या कठोर वसा उतक प्राथमिक तोर पर(शरीर की वसा, पेट की वसा, गुर्दा वसा कम कीमत वाले उत्पादों के लिए दुसरे नरम पशु उत्तको के साथ प्रयोग होती है। न्युनतम 10% और 30% अधिकतम लीवर का प्रयोग किया जाता जिसके कारण इस उत्पाद के नाम और विशेष प्रकार का महक और स्वाद मिलता है। 35% से ज्यादा लीवर का प्रयोग करने से उत्पाद मे कड़बापन आ जाता है। मोटे व मिहिन उत्पादों मे लीवर उत्पादो मे काफी प्रमुख उत्पाद है। परन्तु इन दोनो से मिला जुला उत्पाद बनाया जाता है। लीवर सोसेज को मनचाहा स्वाद व टैक्सचर देने के लिए सुअर का लीवर और नरम वसा सहित उत्तको का सफलता पूर्वक प्रयोग किया जाता है। यहा पर प्रोसेसिंग में कोई महत्वपूर्ण अंतर भी नही है।

(क) कोर्स मिक्स लीवर उत्पाद

इस प्रकार की लीवर सोसेज साधारण तरीको का प्रयोग करके आसानी से बनाई जा सकती है इसके लिए केवल मांस पिसने, भरने के उपकरण और पकाने के लिए वैट की जरुरत होती है। पशु उत्तक का ताजा स्वाद और महक रखने के लिए जितना जल्दी हो सके पशु संहार करने के बाद मांस को परिपक्व कर लेना चाहिए। परिपक्व मांस को छोटे-छोटे टुकड़ो मे काटा जाता है और फिर उसके नमक और मसाले के साथ मिला लिया जाता है। आमतोर पर वनस्पति भी साथ मे मिलायी जाती है। उसको बाद मिश्रण को मिहिन किया जाता है। जिसमे उसका साईज जरुरत के हिसाब से चकती के प्रयोग से किया जाता है। मिहिन करने के बाद उसके हिस्से किये जाते है। हिस्से करने का सबसे आसान तरीक है कि उसको कृत्रिम और प्राकृतिक केसिंग मे भरो और इन व्यास (३-६ मि.मी.) से ज्यादा हो सकता है। कोर्स मिश्रण को ग्लास के जार मे भी भरा जा सकता है और उसे तापमान दिया जा सकता है। भरने के बाद दुसरी उष्मा प्रभाव की जाती है। छोटे आप्रेशन के दौरान खुले बर्तन मे गर्म पानी मे

ही उष्मा प्रभाव दी जाती है। केसिंग को फटने से बचाने के लिए पानी का तापमान 85⁰ डि.से से नीचे रखा जाता है। फिर भी उत्पाद के कोर का तापमान होना 74⁰ डि.से. चाहिए। उष्मा क्षेत्रों मे कृत्रिम केसिग का प्रयोग करना अच्छा होता है क्योकि वहाँ पर कुकिंग अधिक तापमान पर की जाती है लगभग उबलते पानी मे ताकि कोर का तापमान 74⁰ डि.से. हो सके। पकाने के लिए समय सोसेज पर भी निर्भर करता है। आमतोर पर एक मि.मी के लिए एक मिनट चाहिए। इसका मतलब यह कि ६० मि.मी. के सोसेज को पकाने के लिए ६० मिनिट की जरुरत होगी। बड़े औद्योगिक तौर पर सोसेज को खुले उबलते पानी मे नही पकाया जाता बल्कि व बाष्प चैम्बर का प्रयोग किया जाता है।

पकाने के बाद उत्पाद को ठण्डा किया जाता है। आमतौर पर यह गर्म उत्पाद के ठण्डे पानी मे डालकर किया जाता है। पानी का तापमान 12⁰ डि.से. से कम होना चाहिए ताकि उत्पाद का तापमान तेजी से कम हो सके। उष्मा क्षेत्रो मे बर्फीले पानी का प्रयोग किया जाता है। सोसेज मे कृत्रिम केसिग का प्रयोग होता है। उसको पुरी तरह ठण्डा किया सकता है और सीधे कोल्ड स्टोरेज मे डाला जा सकता है। जिस सोसेज पर प्राकृतिक केसिग होती है, उसको भी ठण्डे पानी मे ठण्डा किया जाता है। ताकि उसका तापमान +20⁰ डि.से. से नीचे हो सके, और तब उसको कोल्ड स्टोरेज मे भेजा जाता है ताकि पूरी तरह तापमान कम हो जाए। अगर उत्पाद की स्मोकिंग करनी हो तो वह केवल उत्पाद को पूरी तरह से चिल्ड करने को बाद करनी चाहिए।

(ख) मिहिन इमलशन जैसे लीवर सोसेज तथा लीवर पैट

मिहिन इमलशन बनाने के लिए सबसे पहला स्टैप है कि ठण्डे किए हुए लीवर जिसकी प्रोटीन नेटवर्क बनाते की क्षमता होती है उसको क्यूरिंग साल्ट के साथ बाऊल चोपर मे अच्छे से चोप किया जाता है। सोडीयम एसकोर्बेट (0.05%) बाद मे डाला जाता है जो क्यूरिग प्रक्रिया को बढ़ाता है। लीवर में कड़वापन आने से बचाने के लिए चीनी डालनी चाहिए अगर वह आपकी रिसिपी मे है। इसके बाद बैटर की ठण्डा करने के लिए रखते है जो पूरी रात रखा रहता है ताकि उसकी प्रक्रिया अच्छे से हो और रंग भी अच्छा बने। अगले स्टैप मे गर्म किए हुए (जो पहले से पक्का हुआ है)को पहले मिनसड किया जाता है, और बाऊल मे रखा जाता है। गर्म मांस झाग और इमलशन एजेन्ट डाले जाते है ताकि कुकिंग हानि कम हो और इमलशन को अच्छे से चोपड किया जाता है जब तक मिहिन ना बन जाए। जब मिश्रण का

तापमान 45^0 डि.से. और 60^0 डि.से. के बीच मे हो तब ठण्डे किए हुए चोपड लीवर में सभी मसाले मिलाए जाते है और इसको फिर चोपड किया जाता है। इसके बाद यह मिश्रण करने के लिए तैयार है। इस तरह कि लीवर सोसेज मिश्रण या तो प्लास्टिक की केसिग या फिर बड़े व्यास वाली प्राकृतिक केसिंग मे भरी जाती है। भरते समय उसका तापमान 35^0 डि.से. से अधिक होना चाहिए ताकि वसा को अलग होने से बचाया जा सके (35^0 डि.से. से कम तापमान पर वसा जमने लगेगी)। मिश्रण के फैब्रीकेशन के बाद दुसरी बार गर्म करे ताकि इस से इसकी हाइजिन अवस्था बनी रहे। अगर बैटर या भरी हुई केसिग के लम्बे समय तक बिना पकाये रखा जाए तो इसे में किटाणु और इन्जाईस पैदा हो जाते है जिससे उसका स्वाद अम्लीय हो जाता है। क्योकि कुछ पदार्थ बिना पकाए डाले जाते है और आगे सूक्ष्मजीवी हो सकते है और बाद मे जब मिश्रण को तापमान बढ़ता है तो ये सूक्ष्मजीव बैटर को खराब करते है। मिहिन इमलशन सोसेज ठण्डे हो खाया जाता है। स्थानीय च्वाइस के अनुसार मिहिन सोसेज मे गैर मांसीय पदार्थ भी डाले जाते हे जैसा की प्याज, खुंमी, जड़ी और विशेष क्रीम/ दुध

2. ब्लड उत्पाद

लगभग 3 लिटर हर एक सुअर का 20% प्रोटीन की मात्रा के साथ यह एक बहुमुल्य जैव प्रोटीन का है और विश्व के कई हिस्सो मे यह प्रसंस्कृत उत्पाद बनाने के लिए कच्चे माल के रूप मे प्रयोग होता है। खाने के उत्पाद की बहुत सारी किस्मे बनाई गई है जिनमें खुन एक महत्वपूर्ण भाग होता है। पशु के अलग-अलग प्रकार के उत्पादो को बनाने के लिए खुन को दुसरे पदार्थो के साथ मिलाया जाता है जैसे की दाने, सब्जिया, नमक और मसालो। विकाशील देशो मे आमतौर पर खुन व्यर्थ जाता है क्योंकि इनकी संहार की सुविधाए कम मानक की होती है यद्यापि खुन की उपभोक्ता होती है। इस क्षेत्र मे सुधार, खुन को सही से इक्लेक्शन और उसके प्रयोग को बढ़ाएगा और पशु प्रोटीन की मात्रा बढ़ेगी। सभी प्रकार के पशुओ से खुन का प्रयोग उत्पाद बनाने मे प्रयोग होता है। इसके लिए अधिकतर सुअर के खुन महत्व दिया जाता है क्योकि यह उत्पाद को सबसे अच्छा रंग और स्वाद देता है परन्तु मवेशी के खुन को भी कच्चे माल के रूप मे प्रयोग किया जा सकता है। ताजा खुन जिस मे पानी के मात्रा अधिक होती है और उसकी 70% से ज्यादा होती है, वहां सुक्ष्म जीवो के पैदा होने मे मदद करता है, इससे खुन खराब हो जाता है। इसकी कलेक्शन हाईजीनीक तरीके से होनी चाहिए। इसको या तो जल्दी से प्रयोग करो या फिर फ्रीज मे रखो (+3^0 डि.से. तापमान से नीचे)

क. ब्लड सोसेज

ब्लड सोसेज फैबरिकेटिड होते है कच्चे अक्षक्के खुन और दुसरे खाद्य पदार्थो का जो कि केसिंग मे भरने के बाद उष्मा प्रभाव दी जाती है। लगभग सभी प्रकार की ब्लड सोसेज को फर्म से स्ट्रोंग लचकता की जरुरत होती है। तरल रूप मे खुन छिड़काने से इस प्रकार का टैक्सचर प्राप्त होता है। उष्मा प्रभाव के दौरान खुन के पक्के से फर्म टैक्सचर प्राप्त होता है। मिश्रण को उष्मा प्रभाव जल्दी से देनी चाहिए, इससे पूर्ण उत्पाद खाने योग्य होता है और साफ सफाई के मामले से भी उत्पाद सुरक्षित होता है। इस प्रकार के उदश्यो के लिए खुन को द्रव्यीय स्थिति मे रखना चाहिए। पशु मांस के बाद यह सब आसानी से किया जा सकता है। हाथ और मैकेनिकल स्टीरिंग के द्वारा इसे फिबरीन में बदला जाता है जोकि खुन जमने मे एक महत्वपूर्ण योगदान देना है और जरुरत से खुन के बहाव को रोकता है। इसके परिणामस्वरुप बाकी का खुन द्रव्यीय रहता है। खुन को जमने से बचाने के लिए दुसरा तरीका है कि इसमे 2% सोडियम साईट्रेट रसायन डाल दो। डालने का फायदा यह कि फिबरीनोजन फीबरीन में बदल जाते हे और खुन मे कीमती तरलीय प्रोटीन के रुप मे रहते है।

पारम्परिक ब्लड सोसेज

इन उत्पादों मे खुन की मात्रा 5-30% होती है और इसके साथ इनमे परिक्व पदार्थ जैसे कि सस्ते मांस के टुकड़े (जिसमें कोलाजन ज्यादा होती है) और खाने योग्य सह उत्पाद जैसे गुर्दा या तिल्ली भी प्रयोग किये जाते है। एक तरह की पारम्परिक ब्लड सोसेज मे केवल खुन और परिपक्व खाने योग्य कास्कास के भाग जैसे कि त्वचा, हैड और मांस जो कि पक्की हुई हडियो से मिलता है, प्रयोग किया जाता। इसमे नमक और मसालो को छोड़कर किसी भी प्रकार का गैर मांस भाग और एक्सटैडर का प्रयोग नही किया जाता है। उत्पाद के लिए सभी जरुरी वस्तुओं को मिलाया जाता है तथा जरुरत के हिसाव से ग्रांऊड कर लिया जाता है। प्राकृतिक केसिंग मे भर लिया जाता है और उसको उष्मा प्रभाव दी जाती है। प्राकृतिक केसिंग को संहारित पशु से प्राप्त किया जाता है।

युरोपियन ब्लड सोसेज

युरोप मे जो ब्लड सोसेज के प्रकार होते है उनमे 10% से 20% खुन, पोर्क चमड़ी लीन मांस और बैक वसा होती है। केसिगं छोड़कर बाकी सभी मांस को पहले पक्का लिया जाता है,

परन्तु वसा को केवल स्काल्ड किया जाता है और खुन को भी हमेशा कच्चा ही डाला जाता है। पारम्परिक ब्लड सोसेज मे नमक होता है और वह भूरे से काले रंग की होती है परन्तु युरोपियन सोसेज उनके चमकीले लाल रंग के लिए जानी जाती है। ये दिखावट और इसका टीपीकल स्वाद प्राप्त करने के लिए सुअर का खुन प्रयोग किया जाता है। लाल रंग प्राप्त करने लिए नाइट्रेट वाला नमक खुन मे डाला जाता है। खुन को पहले ही नमक के साथ मिला दिया जाता जो कि अंतिम उत्पाद मे अच्छा लाल रंग प्राप्त करने का तरीका है। प्री–साल्टिग करने का ये भी फायदा है कि कच्चे खुन में सुक्ष्मजीवी नही पैदा हो पाते। यह ध्यान मे रखना चाहिए की प्री साल्ट खुन को कभी भी $+45^0$ डि.से. अधिक तापमान पर प्री कुकिग पदार्थ के साथ नही मिलाना चाहिए नही तो क्युरिग प्रक्रिया अव्यस्थित हो जाएगी। क्युरिग बढ़ाने वाले पदार्थ जैसे कि एसकोर्बिक अम्ल मिश्रण के अन्त मे डालने चाहिए क्योकि ये लाल रंग को बढ़ाने मे मदद करते है। अध्ययन से पता चलता है कि ताजे बिना नमक वाले खुन के प्रयोग से और क्युरिग साल्ट मे नाइट्रेट प्रयोग करने से भी उत्पाद मे चमकदार लाल रंग आ सकता है। अंतिम उत्पाद मे एक फर्म टैक्सचर प्राप्त करने के लिए तरलीय खुन को पोर्क चमड़ी के साथ मिलाया जाता है जो संयोजी उत्तक से भरपुर होती है और इसमें जैल बनाने की क्षमता बहुत होती है। पोर्क चमड़ी वसा सहित होनी चाहिए और जवान पशु को प्राथमिकता दी जाती है क्योकि इसकी चमड़ी कोमल और मुलायम होती है। ब्लड सोसेज के लिए ब्लड /त्वचा अनुपात १:२ के रुप मे प्रयोग है। छोटे बनाने वालो के लिए मीट ग्राइंडर काफी है। इसमे प्री कुकड चमड़ी कों नमक के साथ मिले हुए खुन को मिलाया जाता है और उसको 3मि.मी. की चकती मे मिहिन किया जाता है। बाऊल चोपर का प्रयोग करने से ये फायदा होता है कि प्री कुकड पोर्क चमड़ी और कच्चे खुन को चोपड किया जा सकता है जो एक संमागी खुन और चमड़ी का मिश्रण बना देता है। चोपिग करने से पहले फ्री कुकिंग गर्म चमड़ी को मिनस किया जाता है, और बाऊल कटर मे डाला जाता है और गर्म मांस के साथ चोप किया जाता है। जैसे ही तापमान $+45^0$ डि.से. से नीचे जाता है खुन डाल दिया जाता है और चोपिग प्रक्रिया को पूरा किया जाता है। अंत मे मिश्रण का तापमान $+30^0$ डि.से. $+40^0$ डि.से. के बीच मे होना चाहिए।

खुन या पोर्क चमड़ी को मिश्रण प्री कुकड़ मांस और वसा कणों के साथ मिलाया जाता है। प्री कुकड़ लीन मांस टुकड़ो को क्युब और स्ट्रीप मे काटा जाता है। कच्चे वसा वाले उत्तको को चकती और गर्म पानी मे स्कालड किया जाती है ताकि उनकी ग्रीस की परत हट जाए और

चकती मे संयोजी उत्तक है कठोर हो जाए। या पकने समय ग्रीस एक्सट्रेक्शन और खुन इनफीलट्रेशन को बचाता है। लीन मांस से ग्रीस हटाने के लिए उसको गर्म पानी से धोया जाता है और खुन की पोर्क चमड़ी से बांईड करने की क्षमता बढ़ाई जाती है। मांस के टुकड़ो को वसा चकती में मसाले और नमक को साथ चकती के मिश्रण मे मिलाया जाता है। केसिंग मे भरने के बाद मिश्रण को 84^0 डि.से. से कम तापमान पर पकाया जाता है ताकि केसिंग फटे नही। सुक्ष्मजीवो से स्थिरता के लिए उत्पाद का अंत: तापमान $+75^0$ डि.से. होना चाहिए। उनके कठोर, लचक टैक्सचर के कारण चिल्ड उत्पाद असानी से स्लाईस किए जा सकते है और आमतौर मे ठण्डी ही खाये जाते है। ब्लड सोसेज मिक्सीज को स्टीलीराईज करने से सेल्फ स्टेबल उत्पाद बनाए जा सकते है।

अध्याय-9
क्युरड पोर्क कटस/उत्पाद

पुराने समय मे जब फ्रीज नही थे क्षेतब मांस को खराब होने से बचाने के लिए नमक का प्रयोग किया जाता था। इसमे थोड़ी मात्रा मे सोडीयम नाइट्रेड भी प्रयोग किया जाता था। परन्तु अब यह कम ही प्रयोग किया जाता है क्योकि बचाव के लिए अनेक अच्छे तरीके है, जैसे की फ्रीज या ठण्ड क्युरिंग गुलाबी रंग और विशेष स्वाद प्राप्त करने के लिए ही प्रयोग की जाती है।

मांस को सामान्य नमक और सोडियम नाइट्रेट के साथ प्रभावित करने को क्युरिंग कहते है। सोसेज और इस तरह के उत्पाद बनाने के दौरान क्युरिंग की जाती है और क्युरिंग के लिए बड़े मांस के टुकड़े भी लिए जाते है। पुराने समय मे जब फ्रीज नही थे क्षेतब मांस को खराब होने से बचाने के लिए नमक का प्रयोग किया जाता था। इसमे थोड़ी मात्रा मे सोडीयम नाइट्रेड भी प्रयोग किया जाता था। परन्तु अब यह कम ही प्रयोग किया जाता है क्योकि बचाव के लिए अनेक अच्छे तरीके है, जैसे की फ्रीज या ठण्ड क्युरिंग गुलाबी रंग और विशेष स्वाद प्राप्त करने के लिए ही प्रयोग की जाती है। क्युरड कच्चे मांस के लिए पुरी मांसपेशी को ऐसे समूह मे रखा जाता है जो संरचना से जुड़ी हे। जैसा कि सुअर की पिछली टांग और पिछली टांग का कुछ भाग और बैली के लिए एक ही साईज के मांस के टुकड़े किये जाता है। जैसा की ऊपर बताया गया है, ये टुकड़े छोटे-छोटे होने चाहिए क्युरिंग के बाद ये टुकड़े किसी विशेष प्रकार के कन्टेनर मे दोबारा जोड़े जाते है और सब पकाने से पहले किया जाता है।

1. क्यूरड कच्चा मांस :- कच्चे मांस को क्युरड करने के लिए अच्छी गुणवत्ता का कच्चा मांस ही प्रयोग करना चाहिए। क्योकि यह उत्पाद की सैल्फ लाईफ और उसके महक के लिए जरुरी हीता है। जहां ताजे मांस प्रयोग किया जाता है उसकी पी.एच. अम्लीय होनी चाहिए क्योकि कम पी. एच. पर कम जल बधन क्षमता होती है जिससे अच्छा पानी मांस से बाहर आऐगा।

अगर मांस की अधिक पी. एच. से हो तो वो ज्यादा पानी की मात्रा पकड़ेगा और लम्बा समय राइपनिग मे खराब हो जाऐगा। बीफ और लीन पोर्क के लिए ५.६ से कम की पी.एच. होनी चाहिए। ज्यादा उम्र के पशु का मांस भी इसी प्रकार अच्छा होता है क्योकि उसकी पानी बाधने की क्षमता कम होती है। कच्चे क्युरड मांस के टुकड़ो के तापमान ट्री-टमेन्ट नही दीया जाता

ये कच्चे ही खाए जाते। केवल हुआ हैम को छोड़कर चीनी उपभोक्ता इसको सुप मे उबालकर प्रयोग करते है।

1. क्यूरिंग व राइपनिंग

(क) सुखी क्युरिंग

कच्चे मांस को क्यूरिंग के लिए सुखे नमक प्रयोग किया जाता है। यह एक पारम्परिक तरीका है। मांस के टुकड़ो पर नमक रंगा जाता है। इसके बाद मांस के टुकड़े क्युरिंग मे डाले जाते है और एक दुसरे के ऊपर नमक की परत के साथ रखे जाते है और इसको कम तापमान (0 4^0 डि.से.) पर रखा जाता है। क्युरिंग नमक मांस के टुकड़े मे चला जाता है और उसी समय पानी मांस से बाहर आता है और ये पानी कन्टेनर की नली पर इकट्ठा हो जाता है। कभी कभी पानी मांस के निचले टुकड़ो को कवर कर लेता है उसे और अतिरिक्त और महक देता है इस केस मे पानी निकाल देना चाहिए। ऊपर वाले मांस के टुकड़ो के भार के कारण निचे वाले टुकड़ो की परत मे अधिक दबाव होता है। इससे कारण नमक इनफिलट्रेशन और पानी का बाहर आना तेज हो जाता है। सामान विस्थापन के लिए रिपीलिग और नमक डाला जाता है। ये हर सात दिन के बाद किया जाता है। इसमे सबसे नीचे वाले पाइप को सबसे ऊपर और सबसे ऊपर वाला सबसे निचे दिया जाता। मांस के टुकड़ो को आकार के हिसाव से क्युरिंग को दो सप्ताह लग सकते है जिससे की नमक का विस्थापन हो सके। 4^0 डि.से. के तापमान पर पोर्क टुकड़े को दो हफ्ते लग जाते है। एक पोर्क टांग को चार हफ्ते लग जाते है। यही समय बीफ कट की क्युरिग को लगता है। सभी प्रकार के सुखे नमक की क्युरिंग मे मांस को हवा से बचाने के लिए नमक से कवर किया जाता है। जो पानी क्युरिंग के शुरुआत मे निकलता है उसको हटाया जाता है और उसके स्थान पर बराबर मात्रा मे नमक डाला जाता है।

अगर कन्टेनर मे पानी रह जाए तो रिपीलिग जल्दी जल्दी की जाती है। ड्राई क्युरिग के साथ-साथ मसाले और चीनी महक के लिए डाला जाती है। एसकोर्बेट अम्ल का प्रयोग अवांछनीय है क्योकि ये नाइट्राइट के साथ रसायन क्रिया को बढ़ाता है विशेषतोर पर जब पानी मे घोलकर प्रयोग किया जाता है। इसका परिणाम यह होगा कि नाइट्राइट तेजी से टुटेगा और उसकी कार्यप्रणाली खत्म होगी। सामान्यविधि जिसमे क्युरिंग की जाती है उसके अलावा जिसमे नाइट्राइट होते है या फिर नमक और नाइट्राइट का मिश्रण होता है कुछ जाने पहचाने पारम्परिक क्युरड कच्चे हैम उत्पाद है। ये बिना नाइट्राइट के प्रयोग के ही फैबरिकेटिड किये जाते है, जिनमे सिर्फ नमक का प्रयोग होता है। इन उत्पादों के लिए पोर्क की पिछली टांग व हड्डी

समेत ध्यानपुर्वक चयन की जाती है। यद्दापि नाइट्राइट का प्रयोग नही किया जाता फिर भी स्थिर लाल रंग इनमे प्राप्त किया जाता है। मांस को सुखाने से जो लाल रंग ज्यादा होता है उसी से ये उत्पाद लाल दिखाते है। कभी-कभी नाइट्राइट का प्रयोग नमक के साथ किया जा सकता है।

(ख) ड्राई वैट क्युरिग

यह तरीका भी बड़े और अलग साइज के साथ के टुकड़ो को किसी बर्तन मे क्युरिंग करने के लिए प्रयोग होता है। मांस के टुकड़ो को सुखे ही नमक लगाया जाता है और एक दुसरे पर पाईल किये जाते है किसी वर्तन मे नमक जमने से मांस के टुकड़ो से पानी बाहर आता है जो कन्टेनर की नली मे इक्टठा हो जाता है। बरीन के समय-समय पर नमक मात्रा के लिए जाच लेना चाहिए और रिपलीनशड ताकि सामान रुप से क्युरिंग हो सके। क्युरिग बरीन मे मसाले भी डाले जाते है ताकि उसका स्वाद बढ़ सके। ५-७ दिनो बाद मांस के टुकड़ो को रिपिलनस किया जाता है और उस पर बरीन डाला जाता है। आमतौर पर एक-दो कि.ग्रा. एक के मांस टुकड़े के लिए २ दिन चाहिए और बरीन मांस अनुपात १:२ इसके बाद उसे सुखाया जाता है।

(ग) अतिरिक्त बरीन इनजेकशन के साथ तीव्र क्युरिंग

कच्चे मांस उत्पाद की क्युरिंग के लिए थोड़ी सी मात्रा बरीन की मांस मे इन्जेक्ट की जाती हैं ताकि क्युरिंग प्रक्रिया तेजी से हो। यह तकनीकी क्युरिंग समय को कम करती है क्योकि क्युरिंग पदार्थ दोनो तरफ अन्दर और बाहर प्रभाव करता है।

परन्तु तेजी से होने के कारण इन उत्पादो का महक कम होता है और इनका टैक्सचर भी नरम होता है उन उत्पादो की तुलना मे जिनमे सुखे और सुख-गीला क्युरिंग की जाती है। इनकी सैल्फ लाइफ भी कम होती है। इनको फ्रीज पर रखा जाता है। इस तरह से तेज क्युरिंग लायन/हैम मे की जाती है। इसलिए तेज क्युरिंग के द्वारा सिर्फ क्युरड कुकड मांस उत्पाद के लिए की जाती है।

(घ) क्युरड कच्चे मांस उत्पादों की रांइपनिग व किण्वता

क्च्चे क्युरड मांस उत्पादों में महक के लिए उसकी क्युरिंग के बाद राइपनिग और किण्वन करना जरुरी होता है। राइपनिग समय शुरु होने के बाद मांस से नमक को हटाया जाता है और

मांस के टुकड़ो को या तो ट्रे की सप्ताह पर फैलाया जाता है या फिर उसको 2^0 डि.से. से 5^0 डि.से. तापमान वाले कमरे मे लटकाया जाता है। इस अवधि को दौरान मांस उत्पाद अच्छा रंग और महक प्राप्त करता है। इस समय को दौरान तापमान लागातर बढ़ाया जाता है परन्तु 2^0 डि.से. से ज्यादा नही होना चाहिए। यह एक धीमी विधि है और कई महीने तक ले सकती उत्पाद पर निर्भर करते हुए इस पुरी प्रक्रिया के दौरान मांस पानी छोड़ता है। यह क्रिया क्युरिंग के दौरान ही शुरु हो जाती है जब तक मांस से पानी उड़ता है और उसके सुखा कर देता है। राइपनिग क्रिया के समापन के समय नमक की मात्रा 4.5% पहुच जाती है क्योकि यह विश्वास दिलाता की उत्पाद सुक्ष्मजीवो से स्थिर है। हैम को सुखा और किण्वित किया जाता है (या तो प्राकृतिक या फिर सतुंलित हवा मे), इन्हे एयर ड्राइड हैम कहते है।

(ङ) स्मोकिंग

कच्चे क्युरड मांस के टुकड़ो को या फिर क्षेत्रो पर निर्भर करते हुए मांस उत्पाद को थोड़े समय के लिए ठण्डे स्मोक (२० डि.से.) में डाला जाता है। यह सब राइपनिग के दौरान होता है। खासतोर पर नमी और ठण्डे मौसम वाले इलाको में, ज्यादा नमी होने के कारण इन क्षेत्रो मे मांस की सतह पर कवक पैदा हो जाते है जिनको स्मोक का प्रयोग करके रोका जा सकता है। इस श्रेणी के उत्पादो को स्मोकड रा हैम कहते है।

टेबल : १ : कच्चे किण्वित उत्पादों का उपचार

उत्पाद का प्रकार	क्यूरिग पोरियड तापमान	पोष्ट क्यूरिंग पीरीयड	अपशनल कोल्ड स्टोक	राइपनिग, किण्वन, ड्राईंग
हेम, ड्राइ क्युरड	15-30 दिन $4\text{-}8^0$ डि.से.	3-5 दिन $8\text{-}12^0$ डि.से.	5-30 दिन $12\text{-}18^0$ डि.से.	सामन्यता 9 माह तक (मांस ऊतक में 62; पानी; +2 से +5 डि.से. बाद में)
छोटे मीट के टुकड़े ड्राइ क्युरड	4-10 दिन $4\text{-}10^0$ डि.से.	1-3 दिन $8\text{-}12^0$ डि.से.		कुछ दिनो से कुछ सप्ताह (मांस ऊतक में 67; पानी; +4 से +10 डि.से. बाद में)

2. क्युरड कुकड पोर्क उत्पाद

कच्चा मांस जो क्युरड कुकड उत्पाद के लिए प्रयोग होता है मुख्यत: तौर पर सुकर के कंधे, लायन व टांग से होता है। कम उमर के पशु का मांस जिसकी अम्लीयता ज्यादा होती है उसके उत्तका को प्राथमिकता दी जाती है। अधिक अम्लीयता, ज्यादा पानी पकड़ने की क्षमता से जुड़ी होती है। तुलनात्मक उत्पाद जहां पर कम अम्लीयता को प्राथमिकता दी जाती है, वह नमी को कम करने के लिए ज्यादा अम्लीयता व ज्यादा पानी की मात्रा वाले उत्पाद होते है। अच्छी गुणवत्ता वाले उत्पादो के लिए और क्षेत्रीय इच्छाओ हेतु पूरा मांस का टुकड़ा क्युरड किया जाता है और पकाया जाता है। ये मांस के टुकड़े एक विशेष प्रकार की मांसपेशिया का बना होता है, जैसे की हैम और कमर की मांस पेशिया। मध्यम गुणवत्ता वाले मांस उत्पाद, छोटे आकार की मांसपेशियो को काट कर बनाए जाते है। जो टम्बलड किये जाते है और फिर उनको किसी कन्टेनर मे भरा जाता है और पकाया जाता है। कम कीमत वाले बाजरो के लिए ये काफी लोकप्रिय है। इन उत्पादों के लिए मांस के छोटे टुकड़े और ट्रीमिंगस को बरीन के साथ मिलाया जाता है। मिश्रण को टम्बल्ड किया जाता है और केसिंग मे भरा जाता और गर्म किया जाता है। हर एक प्रक्रिया को विस्वृत रुप मे नीचे बताया गया है। क्यूरिंग के दौरान तापमान को $+4^0$ डि.सी. नीचे रखना चाहिए। या फिर ड्रम होता है जिसमे ड्रम घुमते है। टम्बलिंग 4^0 डि.सी. से कम तापमान पर और कई घण्टो तक की जाती है। टम्बलिंग के बाद तापमान प्रक्रिया की जाती है जो छोटे मांस के टुकड़ो को आकार देने मे और बढ़े करने मे मदद करती है। औद्योगिक स्तर पर इस प्रकार के कई उत्पाद बनाये जाते है। उपर बताये गए सभी प्रकार के प्रसंस्कृत उत्पादों के अलावा टम्बलिंग कम कीमत बाले उत्पाद बनाने मे मदद करती है।

टेबल २ : इन्जेकशन के लिए अनुमानित (15-25% बरीन) का मिलाव

क्र.संख्या	एडिटिव	बरिन मे प्रतिशत
१.	क्युरिड नम	५-१४
२.	फोस्फेट	१-३
३.	सोडियम एस्कोरबेट	०.१५-०.२
४.	आइसोलेटिड सोया प्रोटीन	४-६
५.	सुगर	१-४
६.	जिलेटिन	१-२
७.	कारागीन	०.५-२
८.	परिवर्तित स्टार्च	१.५-३
९.	ग्लुटामेट	०.२-३

क. बरीन को बनाना और लगाना

क्यूरड कुंकिग मांस की प्रक्रिया के लिए क्यूरिंग बरीन का प्रयोग अनिवार्य है। कुछ उत्पादो मे बरीन को मांस मे इन्जेक्ट किया जाता है और कुछ भाग को अर्द्धतौर मे प्रयोग किया जाता है, जिसमे मांस पकाने से पहले डुबोया जाता है । रिपरीवर्तित मांस उत्पाद मे मांस के टुकड़े, ट्रीमिंगस और बरीन को टम्बलिग किया जाता है।

इन सभी बरीन की कम्पोजिशन और नमक की मात्रा अलग-अलग होती है। सभी मे नाइट्राईट होता है जो पानी मे घुला होता है। क्यूरड कुकड मांस के लिए नमक की मात्रा 4-14% होनी चाहिए (आयतन 15-20% तक प्रयोग होती है) उत्पाद को एक समान महक देने के लिए सिंजनिंग भी डाले जाते है। इन मे द्रवीय मसाले एक्सटेक्ट का प्रयोग किया जाता है क्योकि मसाले के कण सुई को बंद कर सकते है। बरीन मे आमतौर पर एक्सलेटर के रूप मे प्रयोग किया जाता है। सोडियम एसकोर्बेट (0.1 से 0.2%) को प्रयोग करने इसे तुरन्त पहले डालना चाहिए नही तो नाइट्राइट क्रिया छोड़ देगा। दुसरे चीनी एडिटिव भी थोड़ी मात्रा मे प्रयोग किये जाते है। थोड़े पाश्चुराइजड उत्पाद मे चीनी अम्लीयता पैदा कर देती है जो कि जीवाणुओ के कारण होती है। फास्फेट का नमक के साथ प्रयोग किया जाता है जो मांस की जलबंधन क्षमता और मांस के टैक्सचर को बढ़ाता है। कम कीमत वाले उत्पाद की मात्रा बढ़ाने के लिए मांस में गैर मांस पदार्थ डाले जाते है, जैसे कि सोया प्रोटीन और स्टार्च। यह सावधानी बर्तनी चाहिए की सभी एडिटिव सही से घुले हो। यह विधि आमतौर पर क्यूरिंग बरीन को सफलतापूर्वक बनाने में लाई जाती है। पहले फास्फेट को घोलकर सोया प्रोटीन डालकर घोला जाता है। इसके बाद नमक, सुगर, जिलेटिन तथा कारागीन और अत: परिवर्तित स्टार्च व क्युरड ऐक्सलेटर डाले जाते है।

क्यूरिंग बरीन इन्जेक्शन तुरंत क्युरिग हेतु बड़े मीट के टुकड़ो के क्यूरिंग तथा उष्मीय उपचार हेतु बहुत अच्छा उपाय है। मांस में बरीन या पम्प से या फिर एक/बहु सुईयो से डाला जाता है। मांस में थोड़ा-थोड़ा बरीन अलग-अलग जगह में डालना चाहिए क्योकि एक साथ डालने से मांस रपचर हो जाता है। आमतौर पर 15-20% बरीन (आयतन से) 10-14% नमक की मात्रा के साथ डाला जाता है जिससे की अंतत उत्पाद में 1.8-2.4% मात्रा रहे। इन्जेकश्न के समय दबाव नही लगाना चाहिए क्योकि इससे पम्प से भी बरीन का एक समान फैलाव नही होता।

यद्यपि पम्प से भी बरीन का एक समान फैलाव नही होता। इस क्युरिंग में हमेशा मीट को बरीन में वही मात्रा मे डुबों कर खी जाती है। इसका फायदा यह कि इन्जेकटीडबरीन की खोई मात्रा दोबारा मिल जाती है। इन उत्पादो को टम्बलड फ्रीज मे होना चाहिए। यह फिर नमक और क्युरिग तत्वों को समान्तर फैलाता है तथा कुकिंग से पहले चमचदार लाल रंग बनाता है। इस प्रकार में गिरा हुआ बरीन टम्बलर में डाला जाता है जो कि टम्बलींग के समय दोबारा चुस लिया जाता है। आगामी उष्मा प्रभाव (३०-५० डि.से.) के प्रथम चरण में क्युरिंग का रंग फिर स्थिर किया जाता है। बड़े क्युरड मीट कटस (हड्डी वाला पोर्क टागें) मे वांछनीय आधार स्ट्रींग की टाइट परतों में दी जा सकती है। नवीन क्षेत्रो में लेबर इन्टेनसिव आयो को सक्सपेन्डेबल नेटस ने बदन दिया है। ये पारम्परिक उत्पाद आमतौर पर होट स्मोक किए जाते है भाप मे कुकिंग से पहले। इसके अलावा मीट कटस को हैम मोल्डस राऊड या चकोर या उष्मा रोधी प्लाष्टिक बेगस या केसिंग में टाईट से दबाकर गर्म किया जाता है।

3. क्युरड कुकड तरह के रि-परिवर्तित पोर्क उत्पाद

सुकर के क्युरड कुकड़ उत्पाद छोटी मांशपेशियों से भी बनाये जा सकते है। ये छोटे मांस के टुकड़े, कटिंग और ग्रेडिंग के दौरान प्राप्त होते है। इनका मुख्य उद्देश्य बनाने की कीमतो को कम करना है जिससे की कारकास के भागो का लाभ पूर्वक प्रयोग किया जा सके। इसका प्रमुख स्त्रोत सुकर है, पिछली टागों को हडियो से अलग किया जाता है और उसको काटा जाता है। काटने से वसा और वसा वाले, गहरा और चमकीला रंग का मांस और पी.एच. के हिसाब मे मांस अलग-अलग हो जाते है। छोटे मांस के टुकड़ो को उत्पाद बनाने के लिए तैयार किया जाता है। परन्तु सभी सयोजी उत्तक और वसा वाले परतो को मांस से अलग कर लेना चाहिए। गैर जरुरत वाले उत्तको को या तो हाथ से या फिर चमड़ी निकालते वाली मशीन से हटा देना चाहिए। मांस के लीन सतह को चाकू से काटना चाहिए जिसके की धुलनशील प्रोटीन मांस से निकल जाते है जिसके कारण वे तापमान प्रक्रिया के दौरान कोगुलेज हो जाते है और मांस के टुकड़ो को एक दूसरे से चिपका देते है। अगले स्टैप मे छोटी मांशपेशियो से बरीन इन्जेक्ट किया जाता है और उसका २५ से ४८ घण्टे के लिए रखा जाता है। क्युरिंग को बढ़ावा देने के लिए फास्फेट और मासले मिलाये जाते है। क्यूरड किये हुए मांस के टुकड़ो को हैम मे दबाया जाता है और पकाया जाता है। मांस- फर्म टैक्सचर के लिए मांस के टुकड़ो मे जिलेटन चूर्ण बिखेरा जाता है जिसकी की वे आपस मे चिपक जाए। धुलनशील प्रोटीन को सतह पर निकलाने के लिए फिर बरीन इन्जेक्ट किया जाता और

टम्बलिंग की जाती है। टम्बलिंग एक विशेष प्रकार की मशीन मे की गई क्रिया है जो या तो घुमते हुए ड्रम जिसमे मालिश वाले हेम्प होते है या फिर फिक्स ड्रम होते है मांस के बरीन मात्रा के साथ टम्बलर मे रखा जाता है और टम्बलिंग की जाती है। कीमत करने कम करने के लिए इस प्रकार के उत्पादो मे गैर मांस पदार्थ मिलाए जाते है और जलबधन के सुधार के लिए विभिन्न प्रकार के मिश्रण प्रयोग किया जाता है जैसे सोया प्रोटीन, कारागीन, जिलेटिन, ट्रासमीनेज आदि। समान रूप से टम्बलिंग प्रक्रिया करने के लिए बड़े मांस के टुकड़ो मे पहले बरीन डाला जाता है फिर टम्बलिंग कि जाती है। यह सावधानी रखनी चाहिए कि बरीन मात्रा और क्वाटीटि सही होनी चाहिए। बरीन की मात्रा और ध्यानपूर्वक सही करनी चाहिए जिससे की अन्तिम उत्पाद की नमक की मात्रा 2%के आस-पास हो।

टेबल 3 : पकव क्युरड उत्पादो हेतु उपचार

मीट के टुकड़ो के प्रकार	बरीन इन्जेक्शन	इन्जेक्शन के बाद उपचार	कन्टेनरस में उत्पादो का उपचार (मोल्ड, फोयल
पूरे मीट का टुकड़ा	बरीन (15-20% आयतन से) 10-14% मात्रा के साथ तापमान 0. डि.से.	क्यूरिड सालटस के पैनीट्रेशन हेतु क्यूरी नमक (12-26 घटें 0-4^{0} डि.से.) टमबलिंग के साथ या बिना	पानी /भाप तापमान 10-15^{0} डि.सी. अत: तापमान 70^{0} डि.सी. के अलावा, बैकोन (हेतु गर्म स्मोक पोर्क चोपड)
छोटे टुकड़े जिनके जोड़ा जाना है।	15-20% आयतन जे बरीन जिस मे 10-16% नमी की मात्रा तापमान 0. डि.से.	सभी मिश्रको हेतु टमबलिंग 8-12 घटें (15 मिनट टमबलिंग, 15 मिनट आराम, 0.4 डि.से.के कम	पानी /भाप तापमान 70-75^{0} डि.से. अत: तापमान पर

अध्याय-10
एक्सटैडंर व फिलर के साथ पोर्क उत्पाद

मांस एक्सटैंडर और फिलर प्रयोग करने का मुख्य उद्देश्य मांस पदार्थ बनाने की कीमत कम करना है। हालांकि अब के समय में अपमार्केट क्षेत्र ने नई तरक्की अमांसीय एडिटिव के प्रयोग करने में हैं। इस स्थिति में यह केवल कीमत को लेकर नहीं है बल्कि उपभोक्ता के स्वास्थ्य को ध्यान में भी रखते है स्वस्थ भोजन बनाने के उद्देश्य से। नए एडिटिव का प्रयोग किया जा रहा है विशेष प्रकार के उपभोक्ता तैयार किए जा रहे है जो इन पदार्थों को खरीद सके जिससे मार्केट शेयर बढ़ रहे हैं।

मांस एक्सटैंडर एक पदार्थ है जो मांस नहीं होते, परंतु इसमें पर्याप्त मात्रा में प्रोटीन (वस्तु) होता है जबकि फिलर में कार्बोहाइड्रेट ज्यादा होती है। मांस एक्सटैंडर ओर फिलर का प्रयोग मांस पदार्थ की कीमत करम करने के लिए किया जाता है। अब के वर्षों में अपमार्केट ने नए पदार्थ तैयार किए जो जिनका प्रयोग अमांसहरी एडिटिव के रूप में किया जाता है। इस स्थिति में ये कीमत कम करने के लिए बल्कि उपभोक्ता के स्वस्थ य को जागरूक करने के लिए है इनमें से कुछ एडिटिव केवल कीमत कम करने के लिए है बल्कि ये कीमत बढ़ा देते है। कुछ एडिटिव इसलिए सिफारिश किया जाते है क्योंकि ये खनिज की मात्रा बढ़ा देते है (फोटीफाईड आयरन, मैग्नीशियम इनरिचड)। विशेष तरह के उपभोक्ता तैयार किए जाते है जो इस महंगे पदार्थ का इस्तेमाल कर सके और खरीद सके। जिन देशों में कम कीमत पर पदार्थ खरीदे जाता है वहां पर कम गुणवता के एक्सटैंडर ज्यादा मात्रा में डाले जाते है। ज्यादा स्पष्टता की जरूरत है। इन क्षेत्र में खाद्य नियंत्रण पूरे करने की कम्पनीज को जरूरत है। इस तरह की पारदूशता लोगों को जागरूक होने पर ही आएगी जब लोग इन एक्सटैंडर ओर फिलर के बारे में जान पाएंगे। अच्छी से लेबलिंग करना एक महत्वपूर्ण क्षेत्र है जो कि राष्ट्रीय खाद्य प्राधिकरण (एफ. एस. एस. आई. तथा बी. आई. एस. से अनुमोदित हो।

कुछ मांस प्रसंस्करक कीमत कम करने के लिए जान-बूझ कर घटियां एक्सटैंडर ओर फिलर मांस पदार्थ में मिलाते है। इस मांस क्षेत्र में ज्यादा पारदूशता चाहिए क्योंकि यहां पर खाद्य नियंत्रण पूरी तरह से और अच्छी तरह से लागू नहीं होते। यह जागरूकता उपभोक्ता को एक्सटैंडर ओर फिलर की गुणवत्ता के बारे में बताई जा सकती है।

एक्सटैंडर ओर फिलर का मांस पदार्थ के प्रयोग

यहां पर एक्सटैंडर और फिलर का बहुत ज्यादा प्रयोग करना और अनपरोटेशनल प्रयोग करने का खतरा है। मुख्यत: एक्सटैंडर ओर फिलर का प्रयोग कीमत कम करने के लिए होना चाहिए। परंतु अब तक इसका प्रयोग विशेष मांस पदार्थ में होता है और साफ तौर पर संस्पना और पोषन कन्टेन्ट से बनाया जाता है। जो फ्रेमव्रक चलन में है उसमें एक्सटैंडर और फिलर के प्रयोग करने के निर्देश दिये गये है। एक्सटैंडर की कीमत अलग-अलग होती है और उसकी कीमत से ही मांस पदार्थ की कीमत तय की जाती है। एक्सटैंडर और फिलर मांस पदार्थ की कीमत 10 प्रतिशत से 30 प्रतिशत तक कम कर सकते है ये आकड़े मध्यम वर्ग के एक्सटैंडर प्रयोग करने पर है। जो मध्यम होते हुए भी गुणवत्ता बनाए रखते है। जहां पर उपभोक्ता एक्सटैंडर वाला पदार्थ रखते है। वहां पर मांस प्रसंस्करक ने ये पाया कि ज्यादातर उपभोक्ता से मध्यम वर्ग के एक्सटैंडर का प्रयोग करते है। दूसरे देशों में जहां पर मानक परिवेल करते है वहां में उपभोक्ता थोड़ी-सी मात्रा को भी ना पसंद करते है।

एक्सटैंडर और फिलर की मात्रा से अलग, दूसरे पदार्थों का प्रयोग भी सही मात्रा में होना चाहिए जिससे खानेदार पदार्थ बन सके। हालांकि कम पानी सोखने वाले और ज्यादा पानी सोखने वाले समान का प्रयोग सही मात्रा में होना चाहिए। यहां पर बहुत सारे ऐसे सूत्र है जो उपरोक्त बातों को पूरा करते है। पर आमतौर पर टेलर किये जाते है, स्थानीय उपभोक्ता के स्वाद को ध्यान में रखकर बनाया जाता है।

ज्यादा एक्सटैंडिड मांस पदार्थो हेतु एक्सटैंडर, फिलर और बाइण्डर

एक्सटैंडर -सोया कनसनट्रेट (70% प्रोटीन) आटे के रूप में उपलब्ध है। दानेदार रूप में इसे टि वि पि कहते है (टैक्सचरड वनस्पति प्रोटीन)। इसे पुन: जलींकरण अनुपात (1:3) पर मिलाया जाता है ताकि मांस पदार्थ बनाया जा सके।

फिलर- गेहूं, चावल व मक्के का आटा, आलू से स्टार्च, गेहूं, चावल व मक्का, पूरे चावल का दाना, बैम्बु और दूसरे पौधों से (डाले गए पुनजर्लीकरक, 1:9) से लिए गए सेलुलोस

बाइण्डर-अधिकतर बाइण्डर (उदाहरण आइसोलेटिड सोया प्रोटीन, दूध प्रोटीन) का प्रयोग एक्सटैंडिड पके हुए सोसेज और गैर एक्सटैंडिड बिना पक्के सोसेज में होता है, पर आयतन बढ़ता नहीं है। बाइण्डिग पदार्थ कोराजिनन आयतन बढ़ा सकता है क्योंकि इसकी पानी सोखने की क्षमता ज्यादा है इसका प्रयोग मुख्यत: तौर पर मोटै पदार्थ जैसे की बारगर और चमड़ी सहित सोसेज बनाने में किया जाता है। एक्सटैंडिर का प्रयोग कोहिजिवनैश को सुधारने के लिए किया जाता है।

एशिया व अफ्रीका में एक्सटैंडिड मांस उत्पाद

अफ्रीका और एशिया में मुख्य तौर पर मांस उत्पादों में नमक, मांस को सुखाना और धुँआ का प्रयोग ही किया जाता है। पुराने समय में उपरोक्त विधि पशुओं के मांस को ज्यादा तापमान पर भी खराब होने से बचाने के लिए की जाती थी। मिश्रण अनाज को बनाने वाले मुख्यता बिन, कसावा मांस के साथ, वसा, खून, अन्दर के शरीर के भाग व दुध भी एक्सटैंडर के तौर पर प्रयोग होते है। एक तरफ से ये एक्सटैंडर मांस पदार्थ के रूप में जाने जाते है। दूसरी तरफ से रसोई में स्टाइल के तुरंत बाद ही खाये जाते है। अब के साल में कुछ परम्परागत पकाने वाले बजारीकृत केन बनाए गए जो आपातकालीन समय में खाद्य पदार्थ के रूप में प्रयोग होते है तथा लंबे समय तक खराब नहीं होते। कई परिस्थितियों में एक्सटैंडर की मात्रा मांस की मात्रा से ज्यादा होती है। मांस रोल और पिसा हुआ कबाब भी मांस एक्सटैंडर के ही पदार्थ है। इनमें से कुछ फ्रोजन अवस्था में ही बेचे जाते है और कुछ गर्म करके। बाइण्डर, फिलर और एक्सटैंडर कि उत्पादन प्रसंस्करण कि चयनता कुछ तकनीकी पर निर्भर करती है जैसे कि पिसा हुआ बरगर व मांस।

यूरोप में एक्सटैंडिड मांस पदार्थ

यूरोप में बहुत सारे ऐसे पदार्थ है जो मांस में मिलाने, अनाज दाने, वसा, सूअर की त्वचा, शरीर के अन्य भाग जिनमें संयोजी उत्तक ज्यादा होते है, मिलाने पर निर्भर है। नाश्ते के सोसेज इसका एक अच्छा उदाहरण है। इन सोसेज को बिना पके सोसेज बोला जाता है परंतु ये ताजा और फ्रोजेन अवस्था और गर्म करके भी बेचे जाते है। एक सामान्य कम्पोजिशन (में 60% पशु उत्तक (माँस या वसा), 16% पानी, 25% एक्सटैंडर और फिलर (आटा, मक्का, स्टार्च) होता है। इटालियन मोरटाडेल यूरोपीय बाजार में टिपिकल एक्सटैंडिड कम गुणवत्ता वाली पदार्थ है। इसका फ्रेबिकेशन कच्चा-पक्की हुई मांस पशु वसा और पानी आधारभूत कच्ची वस्तु वाला सिद्धान्त प्रयोग करता है। माँस वाला भाग न केवल लिन माँस होता है बल्कि दूसरे भाग जैसे की सप्लीन, आहारनली और कभी-कभी ल्योटी भी प्रयोग होता है। प्राय: स्टार्च और आटा फिलर के रूप में प्रयोग होते है।

मोरटाडेल की कोहिजिवनेस प्रोटीन जाल से प्राप्त की जाती है और कुछ फिलर की चिपकनावट से प्राप्त की जाती है। मोरटाडेल को बड़े केजिंग में भरा जाता है (200 मि.मी. तक)। इसमें विशेष प्रकार की तापमान प्रक्रिया प्रयोग की जाती है ताकि लम्बे समय तक बाहरी भाग ज्यादा तापमान में रहे। डेल्टा विधि में तापमान प्रक्रिया पानी से शुरू होती है जो कि +60 डि.से.पर होता है। यह तापमान मेनटेइन किया जाता है जबतक अदरुनी तापमान $+35^0$ डि.से. न हो जाए। इसके बाद पानी का तापमान लगातार बढ़ जाता है।

मांस उपचार तब तक चालू रखा जाता है जब तक पानी का तापमान 75° डि.से. न पहुंच जाए। पानी के इस तापमान पर मांस उपचार जारी रखा जाता है जब तक सोसेज का अंदरुनी तापमान 68° डि.से. न पहुंच जाए।

ज्यादातर मोरटाडेल उत्पाद सेल्फ स्टेबल है, क्योंकि मध्यम तापमान पर इनको लम्बे समय तक उष्मा उपचार दी गई होती है। इससे जल क्रिया भी कम होती है क्योंकि एक्सटैंडर ज्यादा प्रयोग किया होता है। ये बिना किसी फ्रिज के रखे जाते है। यद्यपि मोरटाडेल एक कम कीमत का उत्पाद माना जाता है, फिर भी इसका स्वाद और दिखावट काफी डेलीकेट होती है।

दक्षिणी तरीके के एक्सटैंडिड मांस उत्पाद

हैमबरगर : बरगर उत्पाद पिसे हुए मांस का मिश्रण होता है जो हैमबरगर के साथ शुद्ध बीफ से बिना किसी एक्सटैंडर और बाइण्डर के बना हुआ होता है। इसमें वसा की मात्रा बहुत कम होती है। पिसे हुए मांस और जन्तु वसा के सभी प्रकार के साधारण मिश्रणों को बरगर पुकारा जाता है। बरगर में यह माना जाता है कि इनमें एक्सटैंडर ज्यादा मात्रा में प्रयोग कर सकते है क्योंकि इनमें को स्टीरजैन्ट का प्रयोग नहीं होता। कोहिजिवनैश और रेग बढ़ाने के लिए मोटे से दानेदार कनसनट्रेट आमतौर पर मांस प्रसंस्करण उद्योगिकी में एक्सटैंडर के रूप में प्रयोग किया जाता है। जब यह पानी से सोखा हुआ होता है तो मांस की तरह इसका टैक्सटर होता है। टि वि पि जब सुखा होता है तो इसका आकार पिसे हुए लिन मांस के आकार से थोड़ा छोटा होता है क्योंकि दाने का आकार पानी सोखने के बाद बढ़ जाता है। मध्यम एक्सटैंडर बरगर उत्पाद नरम और रसदार होते है परंतु इनमें बहुत ज्यादा मांस का स्वाद नहीं होता। पूर्ण मांस उत्पाद का ज्यादा सख्त टैक्सटर होता है । परंतु कभी-कभी मांस का स्वाद ज्यादा प्रभावी हो जाता है। बरगर में 15% तक टि वि पि का प्रयोग किया जा सकता है। परंतु जब टि वि पि की मात्रा 30% से अधिक हो जाती है तब पूरी तरह मांस की महक खत्म हो जाता है और उत्पाद भी सुखा हो जाती है।

मांस बाल : मोटे मांस की बाल की कम्पोजिशन उसी तरह से होती है जिस तरह बरगर और ये सुप के साथ और सुप में डालकर खायी जाती है। जब मांस बाल पानी में या भाप में पकाई जाती है तब इनका गोला आकार बरकरार हो जाता है। ज्यादा तापमान उपचार मांस रोल को बरगर से अलग करता है और एक्सटैंडर की मात्रा भी कम करता है। मांस बाल को ज्यादा कोहिजिव टैक्शटर चाहिए इसलिए एक्सटैंडर की मात्रा कम रखी जाती है। परंतु फिलर जैसी की स्टार्च या आटा मात्रा बढ़ाई जा सकती है। मांस बाल ज्यादा तापमान उपचार के कारण तथा अधिक मात्रा में एक्सटैंडर का प्रयोग एटिपिकली पेल रंग देता है और मांस का स्वाद

खत्म हो जाता है।

हाटडाग तथा वैनिला सोसेज : दोनो सोसेज के प्रकार छोटे –मोटे (१८–२२ मि.मी.) संकिरण केसिंग में भरे होते है। दोनों उत्पाद अच्छी तरह से कोमिनेटेड उपचारित बैच से बनाये जाते है और बाइण्डर व एक्सटैंडर का प्रयोग करने के लिए उपयुक्त होते है ताकि उत्पाद की कीमत कम हो सके। हाट डाग में ज्यादा मात्रा में एक्सटैंडर का प्रयोग होता है। वैनिला सोसेज शुद्ध मांस उत्पाद है। परंतु दुनिया की कई जगह पर इसमे एक्सटैंडर बाइण्डर का प्रयोग किया जाता है। दुध के प्रोटीन और आइसोलेटेड सोया प्रोटिन मुख्य तौर पर प्रयोग किये जाने वाले बाइण्डर है और दोनों आमतौर पर पानी/वसा / प्रोटीन के इमलसन के रूप में प्रयोग किये जाते है। टिपिकल पश्चिम एक्सटैंडर स्टाईल उत्पाद में विशेष बढ़े आकार में केवल आटा और स्टार्च फिलर के रूप में प्रयोग किये जाते है और कुछ मात्रा में सेलुलोस रेशे भी प्रयोग किये जाते है। इनमें टि वि पि का प्रयोग नहीं करते क्योंकि हल्का भुरा रंग और दाने ठडीं चकती टुकड़ो में दिखाई देने लगते हैं।

इस प्रकार छोटी आकार की सोसेज जैसे की एक्सटैंडिड हाट डाग व फ्रैकफर्टर फैबरीकेटिड की जाती। इस जिस बाजार में इनकी मांग कम होती है तथा जहां पर कम कीतम वाले हाट डाग ज्यादा प्रयोग किये जाते है वहां पर बहुत सारे एक्सटैंडर और फिलर आटे के साथ मिला के प्रयोग किये जाते है। अगर सोया कनसनट्रेट उपलब्ध है तो, उसके प्रयोग को प्राथमिकता दी जाती है, क्योंकि इस गुणवत्ता अच्छी है और उपभोक्ता भी इसे अच्छा समझते है। बहुत सारी जगहों पर बनाने वाले आसानी से प्राप्त होने वाली सस्ती फिलर का प्रयोग करते है ताकि कीमत कम की जा सके जैसे कि ब्रेड, क्रूम्ब, रस्क, लहसुन, कसावा और उबले हुए चावल। कच्चे–पके हुए मांस उत्पाद के लिए फास्फेट का प्रयोग किया जाता है। वे कोहिजिवनैश नेटवर्क प्रोटीन की सहायता करते है। इसके अलावा कुछ फिलर कण्टम्परेरी कार्य करते है, जैसे कि कुछ स्टार्च 50^{0} डि.से. से 70^{0} डि.से. पर पानी सोखने शुरू कर देते है। प्रोटीन नेटवर्क हल्के बंधित पानी को छोड़ना शुरू कर देता है। इसलिए तरल पुरज से बचा या जा सकता है। जब एक्सटैंडर और फिलर ज्यादा मात्रा में प्रयोग किये जाते है तो कोहिजिवनैश, दिखावट और स्वाद की गुणवत्ता कम हो जाती है। कमियाँ हर एक उत्पाद की बताई गई है परंतु उपभोक्ताओं की उम्मीदें बहुत ज्यादा होती है।

बोलोनंगा : ये बड़े कच्चे क्युरड सोसेज की श्रेणी में आता है। बोलोनंगा की अच्छी तरह से महिन करके 40-50 मि.मी. डायमिटर केसिंग में भरा जाता है। आमतौर पर सालामी भी दुनिया के कई हिस्सों में मोटे उत्पाद जो बड़ा डायमिटर का है उसके लिए प्रयोग किया जाता

है। हालांकि ये शब्द गलत पुकारा जाता है क्योंकि यह परिभाषा सदियों से युरीपियन तरीके के सुखे किण्वित सोसेज के लिए प्रयोग हो रही है। बड़े केलीबर उत्पाद बने सोसेज में मिक्स (लीन, वसा, पानी) के होते है तथा ये उसी तकनीकी से बने होते है जिससे हाट डाग बनाया जाता है। ये वही विशेष प्रोटिन ढाचे का प्रयोग करते है और वही टिपिकल सख्त खिचावदार टैक्सचर हाट डाग की तरह ही प्रोटीन नेटवर्क इम्लशनके साथ सुर्पोट होता है जो कि सोया प्रोटिन आइसोलेट या दुग्ध प्रोटिन से बना होता है। इस प्रकार के उत्पाद में एक्सटैंडर और फिलर बड़ी सावधानी से मिलाये जाते है और उत्पाद की गुणवत्ता बनाये रखने के लिए अधिक मात्रा से बचाव किया जाता है। चाकू का प्रयोग बड़े केलिबर वाले उत्पाद के लिए बहुत जरूरी है, क्योंकि उनको खाने के दौरान उनको पतली चकती में काटा जाता है। इन चकती में रंग तथा कोहिजिवनैश साफ तौर पर और जल्दी से पहचानी जा सकती है। ज्यादा एक्सटैंडर लम्प भी दिखाई तथा और वसा को अलग कर देते है। पकाने के वाद कम टैक्सटर और सुखापन साफ पता चलेगा। इसलिए एक्सटैंडर की मात्रा ज्यादा केलिबर हाट डाग की अपेक्षा सही मात्रा में होनी चाहिए।

जैसे ही कुछ पदार्थ जिनकी ज्यादा पुनजर्लीकरण शक्ति होती है प्रयोग किये जाते है उनमें एक्सटैंडर की मात्रा कुछ 10% से कम की जाती है, ताकि एक्सटैंडर की ज्यादा मात्रा का प्रयोग बचाया जा सके। एशिया में परीसरेबल चावल न केवल हाट डाग में बल्कि मध्यम केलिबर के कच्चे-पके हुए सोसेज में भी प्रयोग किया जाता है क्योंकि दाने की कोहिजिवनैश विशेषता ज्यादा होती है। ज्यादा केलिबर सोसेज की चकती में चावल की दर्शिता कम करने के लिए कोलोयड मिल का प्रयोग किया जाता है। कुछ मात्रा उन हिस्सों की जिनमें सयोजी उत्तक की मात्रा ज्यादा होती उन्हे उत्पाद में एक्सटैंडर और फिलर की ज्यादा मात्रा वाले उत्पाद में गुणवत्ता बढ़ाने हेतु मिलाते है। सयोजी उत्तक प्रोटिन गर्म करने पर पानी सोखने से घूल जाते है और जिलेटिन फेज बना लेते है। ये उत्पाद के पदार्थों को पकाने के बाद और ठण्डा करने के बाद इकट्ठे चिपकाने में मदद करता है।

पके हुए हेम : इसे बनाने के लिए एक बड़े मांस के टुकड़े का प्रयोग किया जाता है या फिर पूरी मांसपेशी का प्रयोग किया जाता है। ये किसी भी कम्मुनिटिड विधि और बिना किसी एक्सटैंडर और फिलर के प्रयोग के बनता है। इस प्रकार के उत्पाद से कोई मात्रा का अनुमान नहीं लगाया जाता है क्योंकि क्युरिंग बरिन द्रव्य पूरी तरह से पकते समय निकल जाता है। मध्यम पैसे वाले उद्योगिकी में हेम को एक बढ़े मांस के टुकड़े से बनाया जाता है और परिवर्तित फिलर व एक्सटैंडर का प्रयोग करके मात्रा भी बढ़ाई जाती है ये उत्पाद, जागरूक

उपभोक्ता की जरूरत तो पूरी करते है परंतु अब तक कम कीमत वाले उत्पाद नहीं बनाये जा सके। पुन: परिवर्तित पके हुए हेम ज्यादा मात्रा में बनाये जाते है। ये उत्पाद ट्रीम मांस मसल और छोटे-छोटे टुकड़ों में होते है। ये छोटे टुकड़े उसी प्रकार के होते है जिस प्रकार के बड़े टुकड़े।

परिवर्तित बाइण्डर जैसे आइसोलेटिड सोया प्रोटिन, जिलेटिन और परिवर्तित स्टार्च जिसकी बाइण्डिग क्षमता ज्यादा होती है इस प्रकार के उत्पाद में प्रयोग की जाती है। अघुलनशील एक्सटैंडर व फिलर जो सुखे होते है वो प्रयोग के लिए सही नहीं होते क्योंकि वे पुन: परिवर्तित विधि को हेम्पर कर लेंगे जो कि की जिलेटिन पर निर्भर करती है जो कि उष्मा केगुलेशन के दौरान होती है। इसलिए पानी प्रमुख फिलिंग पदार्थ के रूप में प्रयोग किया जाता है जिससे कीमत कम हो सके। क्योंकि पके हुए हेम मांस से बना होता है जिसमें उसकी पानी बाइण्डिग क्षमता ज्यादा होता है।

टम्बलिंग के द्वारा पानी सोखन क्षमता बढ़ाई जा सकती है क्योकि इससे अधिक मात्रा में मायोफ्रिबलर प्रोटिनहोते है। जिनकी जल बंधन क्षमता ज्यादा होती है तथा फोसफेट और सोया खण्ड प्रोयग इस विधि को मजबूत करता है। इस तरह के उत्पाद का उत्पादन 150% तक हो सकता है। अगर कराजिनन का प्रयोग उपरोक्त पदार्थों के साथ किया जाए को ज्यादा से ज्यादा पानी बंधन किया जा सकता है। गर्म पानी में घुले हुए कराजिनन चुर्ण की पानी सोखने और बांधने की क्षमता अधिक होती है। इसलिए यह कुकिंग हानि कम करता है।

प्रयोग से पता चलता है कि 4 प्रतिशत कुकिंग हानि एक ग्राम कारजिनन प्रति एक कि.ग्रा. मांस मिश्रण 1.8% प्रति साथ 2.8 कि.ग्रा.और बहुत कम 0.5% प्रति 5 कि.ग्रा.। आधुनिक खाद्य क्षेत्र में ट्रांसग्लूटामिनेज (0.1%) पके हुए हेम के प्रोटीन के बीच जोड़ का काम करता है।

अध्याय-11
सालटिंग, क्यूरिंग एवं स्मोकिंग

महक तथा स्वाद के अलावा मीट उत्पादों में नमक का बहुत महत्वपूर्ण योगदान है जो कि धुले हुए मांसपेशी के प्रोटीनस को बाहर निकालता है। यह गुण कुछ उत्पादों में वाटर बाईन्डिग तथा टेक्सचर फोरमेशन के लिए काम लाई जाती है। कम मात्रा में नमक की सूक्ष्म जीवों को मारने की क्षमता न के बराबर होती है। परीजरवेशन की इसकी क्षमता पानी से बांधने तथा नमी को खत्म करने के कारण होती है। नाइट्राइट कम मात्रा में खाद्य परीजरवेशन तथा रंग के लिए प्रयोग किए जा सकते है। मुख्यत: ठंडी व गर्म स्मोङ्किग दो प्रकार की स्मोङ्किग विधियां हैं। दोनों का सिद्धान्त है कि उत्पाद के बाहरी तरफ स्मोक होने से महक, रंग तथा परीजरवेशन होता है।

सालटिंग : नमक (सोडियम क्लोराइड) पूर्ण उत्पाद में स्वाद डालता है। सोसेज, हेमस, कोरनड बीफ तथा अन्य उत्पादों में नमक की मात्रा सामान्यत: 1.5-3 प्रतिशत होती है। स्टीकस, मीट बाल या सफेद सोसेज में यदि केवल नमक डाले तो इनका रंग ग्रेअिश या ग्रेअिश ब्राउन हो जाता है। लीन मीट की वाटर होल्डिंग क्षमता 5 प्रतिशत नमक की मात्रा के साथ बढ़ जाती है तथा इसके बाद घटने लगती है। 11 प्रतिशत की नमक मात्रा पर वाटर होल्डिंग क्षमता ताजे अनमकीय मीट के बराबर होती है। नमक की सूक्ष्म जीवों को रोकने की क्षमता नगन्य है। यह पानी तथा नमी को कम करके परीजरवेशन का काम करता है। नमक प्रोटीन व फ्री पानी के साथ बाइंड करके उत्पाद की वाटर क्षमता कम कर देता है। जिससे की सूक्ष्मजीवों हेतु कम पानी उपलब्ध होता है। जीवाणु `.91 वाटर एक्टीवटी से कम पर ग्रो नहीं होते जिसका मतलब है कि 15 ग्राम नमक प्रति 1 मि.ली. पानी या 15 प्रतिशत नमक उत्पाद में।

महक, स्वाद के अलावा, मीट औद्योगिकी में नमक व्यायत्मिक प्रभाव से धुले हुए मांस प्रोटीन को खींच देता है। यह गुण वाटर बाइनङ्किडग तथा टैक्सचर फोरमेशन में मदद करता है। 1.5-3 प्रतिशत नमक मात्रा खाद्य मीट उत्पादों में सूक्ष्मजीवों को मारकर उत्पाद की सेल्फ लाइफ बढ़ा देता है। मीट प्रसंस्करक केवल इसी प्रभाव पर विश्वास न करके, इसके साथ दूसरे परीजरवेशन उपाय भी करने चाहिए।

क्यूरिंग : उपभोक्ता प्रसंस्कृत मीट उत्पाद जैसे, हैम, बेकोन, सोसेज को गुलाबी से लाल रंग में पसंद करते है। परंतु अनुभव कहता है कि मीट या मीट मिक्सीज को रसोइघर स्टाइल कुङ्ककग या फ्राइंग के बाद रंग ब्राउनिश-ग्रे या ग्रे हो जाता है। नमक में सक्रिय सोडियम नाइट्राइट होने के कारण मीट या मीट मिक्सिज का रंग लाल या गुलाबी करने में मदद होती है। सोडियम नाइट्राइट मीट के लाल पीगमैन्ट से मिलकर हीट स्टेबल लाल क्यूङ्करग रंग बनाता है। इसके लिए नाइट्राइट की बहुत कम मात्रा की जरूरत होती है। नाइट्राइट की यह मात्रा सूक्ष्मात्मक ढंग से परीजरवेशन तथा रंगात्मक उद्देश्य हेतु कामलाई जा सकती है। नाइट्राइट के ट्रैस विषैले नहीं होते। लाल रंग के अलावा नाइट्राइट के अन्य फायदे नीचे दिए गए है। मीट उत्पाद में `.15 प्रतिशत (15 मि.ग्रा./कि.ग्रा.) पर्याप्त होता है।

ओवरडोज के रिस्क से बचने हेतु नमक (99.5%) तथा नाइट्राइट (`.5%) का मिश्रण प्रयोग किया जाता है। इस मिश्रण को नाइट्राइट क्यूङ्करग साल्ट कहते है। इसकी 1.5-3% मात्रा उत्पाद में डालने से नमकीय महक तथा क्यूङ्करग क्रिया पैदा करती है। नमक की संवेदनीय लिमिट (4%) के कारण नाइट्राइट कम रखा जाता है। नाइट्राइट की मात्रा कम करने हेतु कई उपाय किए गए है ताकि वैसा ही लाभकारी पदार्थ मिले। उपयुक्त प्रभाव नाइट्राइट की कम मात्रा में मिल जाते है जो कि स्वास्थ्य के सुरक्षित होते है। तरन्ताल में नाइट्राइट की योग्यताएं रिस्कों पर भारी है।

चोपअड/कम्यूनिटिड मीट मिक्करस की क्यूरिंग

क्यूङ्करग अधिकांश चोपअड उत्पादों पर लाल रंग हेतु की जाती है। नाइट्राइट क्यूङ्करग साल्ट सूखी अवस्था में डाला जाता है, जिससे तभी लाल मीट पीगमैन्ट की क्रिया हो जाती है। होमोजिनियस बलैन्डिंग से नाइट्राइट पीगमैन्ट के सीथे संपर्क में आता है। विधि के दौरान ज्यादा तापमान (कच्चे कुकड सोसेज का लालपन 5 डि.से. पर तथा अन्य उत्पादों का स्कालङ्कडग या कुङ्ककग (7-8 डि.से. पर) विधि की क्रिया बढ़ा देता है। एसकोरबिक एसिड मीट मिक्सचर के काटालिटिक प्रभाव पी.एच. करके डालता है। परंतु एसकोरबिक एचिड की मात्रा कम (`.5%) होनी चाहिए ताकि एन.ए.एन.ओ. टू से एन.ओ. में रिडक्शन हो सके। ज्यादा पी.एच. कम होने से उत्पाद की वाटर बाइन्डिंग क्षमता कम हो जाती है जो कि अवांछनीय है।

पूर्ण मीट टुकड़ों की क्यूरिंग

चोपअड मीट मिक्सचर के अलावा पूर्ण मीट टुकड़ों की भी क्यूङ्करग की जा सकती है। आधार बड़ा होने के कारण इनमें तुलनात्मक क्यूङ्करग पदार्थ की क्रिया जल्दी नहीं होती। अत: इसके

लिए विभिन्न विधियां लगाई जाती है। क्यूङ्करग पूर्ण मीट के फाइनल उत्पाद या तो क्यूरड रॉ किण्वित उत्पाद या क्यूरड कुकड उत्पाद होते है। पूर्ण मीट टुकड़ों हेतु दो क्यूङ्करग विधियां - ड्राइ क्यूङ्करग तथा वेट क्यूङ्करग (पिकङ्कलग) होती है। ड्राइ क्यूङ्करग में नमक या नाइट्राइट साल्ट को मसाले तथा एडिटिव को मिस्क करके, रगड़कर व टैंक में पैक किया जाता है। क्यूङ्करग मिक्सचर मीट में धीरे-धीरे कुछ दिनों से कुछ सप्ताहों तक फैलता रहता है।

वेट क्यूङ्करग में बरीन को मीट में डालते है। बरीन हेतु नमक, मसाले, एडिटिव को पानी में घोलते है। मीट कटस को टैंक में पैक करके बरीन डालकर कवर करते है। क्यूङ्करग रूम का तापमान +8 से +10^{0}डि.से. होना चाहिए। समान्तर बरीन हेतु क्यूङ्करग दिनों से 2 सप्ताह तक की जाती है। क्यूङ्करग के बाद, स्वाद तथा महक हेतु कुछ राइपङ्कनग काल रखा जाता है। क्यूङ्करग को जल्दी करने हेतु मीट ऊतक में बरीन पम्प से इन्जेक्ट कर दिया जाता है। इसके लिए होलो सूइयों से हाथ द्वारा या पम्प से बरीन डालते है। अर्द्धस्वचलित मशीनों में मल्टीपल सूइया काम लाई जाती है, जिससे 48 घंटे से कम समय में क्यूङ्करग हो जाती है। क्यूरड-कुकड मीट उत्पाद (कुकड हैम) को टम्बलिग विधि में डाला जाता है जिससे बरीन और जल्दी मीट में पेनीट्रेट करता है और रेसटिग पीरियड की जरूरत नहीं होती।

स्मोकिंग : मीट उत्पादों हेतु जरूरी स्मोक को कच्ची लकड़ी थर्मल डिस्ट्रक्शन से लिगनिन तथा सेलुलोश से पैदा किया जाता है। इसमें 1 या ज्यादा सख्त, तरल तथा गैस निकलती है। इनके वाछंनीय गुण एलडीहाइउ, फीनोल, अम्ल (एंटी सूक्ष्मजीवी), एंटी ऑक्सीडेंट (फीनोल व एल्डीहाईड) (वसा को कम करने), फीनोल से महक, कार्बोनील से स्मोङ्कग टेस्ट, एल्डीहाइड (रंग) के कारण होती है। स्मोङ्कग का सबसे ज्यादा दुष्प्रभाव अवशेष के रूप में बैन्जपाइरीन से होता है जिससे कैंसर हो सकता है। मध्यम स्मोकड उत्पादों से आमतौर पर कैंसर नहीं होता। उत्पाद के आधार पर दो प्रकार की - ठंडी व गर्म स्मोङ्कग की जाती है। दोनों के सिद्धांत में स्मोक बाहरी परत पर फैलकर महक, रंग तथा परीजरवेशन देता है।

ठंडी स्मोकिंग

यह एक पारंपरिक मीट को परीजरीवेशन करने की विधि है परंतु आजकल यह लीवर सोसेज, बल्ड सोसेज इत्यादि से महक तथा रंग लाने में काम आती है। कच्चे हेम उत्पादों जैसे किण्वित सोसेज तथा सालटेड तथा क्यूरड पूर्ण मीट टुकड़ों में ठंडी स्मोङ्कग को ड्राई/राइपङ्कनग के साथ किया जाता है। इनमें रंग और महक के अलावा ठंडी स्मोङ्कग मोल्ड की

ग्रोथ को मीट सतह पर कम करती है। ठंडी स्मोङ्किग हेतु 15–18^{0}डि.से. (26 डि.से. तक) तापमान अच्छा होता है सा डस्ट को धीरे–धीरे जलाना चाहिए तथा मीट स्मोक के ज्यादा नजदीक नहीं होना चाहिए। कोल्ड स्मोङ्किग एक लंबी विधि होने के कारण एक दिन में अंतराल पर कुछ घंटों के लिए की जाती है।

गर्म/हाट स्मोकिंग

यह +6 से +8 डि.से. तापमान पर वुड के थर्मल डिसट्रक्शन से की जाती है। अतिरिक्त ऊष्मा की चैम्बर में जरूरत होती है। ज्यादा तापमान होने के कारण रंग तथा महक जल्दी पैदा हो जाते है। इसलिए इसका प्रभाव कम समय के लिए किया जाता है ताकि ज्यादा स्मोक रंग व महक न हो। पतले प्रैक्कटर सोसेज में 1 मिनट तक तथा बोलोगना, हेम बाले मोटे सोसेज, बैकोन व हेम में 1 घंटे तक गर्म/हॉट स्मोङ्किग करते है।

उत्पाद व स्मोकिंग

किण्वित मीट उत्पादों (कच्चे क्यूरड, हेम, कच्चे किण्वित सोसेज) तथा प्री कुकड–कुकड सोसेज (लीवर बल्ड सोसेज) हेतु कोल्ड स्मोङ्किग की जाती है। हॉट स्मोङ्किग विभिन्न तरह के कच्चे कुकड सोसेज, बेकोन तथा कुकड हेम उत्पादों के लिए की जाती है। स्मोक ट्रीटमेंट केवल स्मोक परमीयेबल केङ्क्सग में ही किया जाता है। सभी प्राकृतिक केङ्क्सग जैसे सेलुलोस, कोलाजन स्मोक परमीपेबल है। इनमें तरह स्मोक द्रव्य भी डाला जा सकता है। यह द्रव्य में डुबाकर, चैम्बर के बाहर बैछार से या चैम्बर के अन्दर स्प्रे से किया जा सकता है। यदि स्मोक महक की आवश्यकता हो तो इन केङ्क्सग में सीधे तौर पर ड्राई या तरल स्मोक मिक्स कर दिया जाता है।

लिक्विड/तरल स्मोक

यह कुछ मात्रा की स्मोक महक तक इमपरमीयेबल केङ्क्सग में डाला डाता है क्योंकि इमपरमीयेबल केङ्क्सग में गैसीय स्मोक नहीं पार करता। बनाने के समय तरह स्मोक सोसेज में डाला जाता है। वायु की उपस्थिति में लकड़ी को जलाने से प्राकृतिक स्मोक मिलता है जिसको दो प्रकार से आगे प्रोसेस किया जाता है – प्राकृतिक स्मोक का वाष्पीकरण करके तरल स्मोक तथा वाहक पदार्थ पर पानी या तेल के आधार पर स्मोक का पेनीट्रेशन। इसमें वाहक पदार्थ मीट उत्पाद का हिस्सा बन जाता है।

अध्याय -12

मांस उत्पादों की पैकेजिंग

पैकेजिंग विस्तार से एक एकत्रित प्रणाली है जिसमें वस्तुओं को ट्रांसपोर्ट संग्रहण बेचने और अन्तिम समय तक प्रयोग के लिए तैयार किया जाता है। पैकेजिंग में प्रभाव, बचाव, जानकारी, बेचना और ले जाना आते है। इस प्रकार पैकेजिंग आसान सी भाषा में मांस को चारों तरफ से किसी सामग्री से बाधती नहीं है बल्कि यह मार्केटिंग की मार्गों के बार में भी बताता है। कई पैकेजिंग तकनीक प्रयोग में लाई जाती है। ताजे मांस को बेचने के लिए जैसे रैपिंग-गैर परिरक्षक पैकिंग है लेकिन पैकेजिंग पदार्थ को गंदगी और पानी निकलने से बचाता है। अंदर की व्यवस्था को बिना किसी प्रभाव हमें यदि बाहर की व्यवस्था और तापमान कुछ ही है। इस प्रकार की पैकिंग मांस की लाइफ पर कोई भी प्रभाव नहीं डालती। अत्याधिक समय तक स्टोर करने के लिए परंपरिक सुखे मांस को लैमिनेटड जिलम के साथ पैकिंग जो कि मीट को आक्सीजन और नमी से बचाता है।

पैकेजिंग एक सांईस, कल और तकनीक है, जिसमें वस्तुओं और पदार्थो का बचाव करके स्टोर बेचने और बांटने के लिए प्रयोग किया जाता है। पैकेजिंग को हम डिजाइन, विकास और पैसे उत्पादन किया भी कर सकते है। पैकेजिंग सहज एकत्रित प्रणाली है, जिसमें वस्तुओं को ट्रान्सपोर्ट के लिए, बेचने और अतिंम प्रयोग तक प्रयोग में डालने की लिए तैयार किया जाता है। पैकेजिंग में बेचना, ट्रान्सपोर्ट प्रभाव और जानकारी सभी आते है।

बहुत से देशों में यह सरकार, संस्थाएं, इण्ड्रसट्रीज और खूद के प्रयोग के लिए एक पूर्ण विश्लेषित बिजनेस है। मांस और मांस पदार्थ पैकेजिंग ही हमें खरदीने और बेचने वाले उपलब्ध कराते है। पैकेजिंग की महत्वपूर्णता उपभोक्ता हेतु सबसे ज्यादा तथा रीटेलर व जायकर्ताओं हेतु सबसे कम होती है।

ताजा मांस बिना रैपिंग के हमारे यहां रिटेल मांस व्यापार में प्रसिद्ध है। पैकेजिंग इस प्रकार चारों तरफ से विक्री सामग्री से घेरता ही नहीं है बल्कि मार्केटिंग में इससे हर प्रकार की बात का पता चलता है, जैसे रोकथाम, बचाव, सरंक्षण, सुविधा और संचार।

पारम्परिक संहार तथा मांस पैकेजिंग

भारत में मांस कारकास को कम से कम या बिना फ्रिज के रखा जाता है। एक जल्दी ट्रार्णअवर और सिस्टेम प्रयोग किया जाता है जिस में की रात को मांस को स्लाटर और सुबह

बेचा और उसी दिन ही खाने के लिए प्रयोग में लाया जाता है। यह सबसे अच्छी तरह से साबित पैकेङ्क्षजंग विधि है क्योंकि इस विधि से सहांर और खाने से बीच के समय सूक्ष्मजीव की मात्रा नहीं बढ़ती जिससे की मांस खराब, सड़ने और खाने योग्य नही रहता। यह प्रणाली खासकर विकासशील क्षेत्रों के ग्रामीण गांवों और छोटे नगरों में उपयुक्त है क्योंकि उनकी खाना बनाने की आदत में राइंपनिग व टैण्डर मांस की जरुरत नहीं होती। यह प्रयोग मांस को खराब होने से बचाता है। यद्यपि थोड़ी बहुत गदंगी मांस पर लग जाती है, जब हम उसको सहांर और संभालते हैं। यदि हम सहांर और पकाने के बीच के समय को जब कर दे और मांस को अच्छी तरह ज्यादा तापमान पर पकाए तो कई बार जहरीले सूक्ष्मजीवों का इतनी मात्रा में विकास नहीं हो पाता है कि वो खाने वाले लोगों के स्वास्थ्य को प्रभावित करे। पारपंरिक मांस संभालने मे मांस की पैकिंग नहीं करते क्योकि उसको पेपर और पतों से कवर कर देते है। पारपङ्क्षरक रूप से हम मांस को सुखा कर भी सरक्षित कर सकते है, कई बार पैक करके बैग और तिजोरी में जिससे की स्टोर करने और ले जाने में समस्या ना आए, और कई प्रकार के बचाव करते है जिससे मांस गदंगी और जोड़ों से बचा रहे।

भारत में पैङ्क्षकग की तकनीक ताजा मांस और उसके पदार्थों के बेचने के लिए प्रयोग की जाती है जैसे रैङ्क्षपग और परिस्कार पैङ्क्षकग है। पैङ्क्षकग बिना किसी प्रभाव के पदार्थ को गंदगी और पानी निकलने से बचाता है। चाहे बाहर की व्यवस्था कुछ भी तथा इस प्रकार की पैङ्क्षकग मांस की सैल्फ लाइफ पर कोई भी प्रभाव नहीं डालती। पदार्थ की लाइफ बढ़ाने के लिए हमें कैमिकल बदलाव और सूक्ष्मजीवों को पैदा होने से रोकना जरूरी है। यह हम पैङ्क्षकग के दौरान तभी कर सकते है जब हम कई प्रकार की पैङ्क्षकग प्रणाली प्रयोग में लाए जैसे वैक्यूम पैङ्क्षकग, मीडिकाइड वाताबरण पैङ्क्षकग, निंयत्रित वाताबरण पैङ्क्षकग एकटिव पैकेजिंग, लेकिन एक विरोधात्मक पर्यावरण बनाया और अनुरक्षित किया जाए। पैङ्क्षकग सामग्री की विशेषताओं का विस्तार से वर्णन इस किताब में नहीं है। अगर कोई इच्छुक है, जानकारी के लिए तो स्कैआरोअ, एस और ग्रिफिन (१९८०), आर. और शर्मा, बी.डी. और शर्मा एन (२०००) पढ़े।

बढ़ती हुई जनसंख्या को देखते हुए यह पारपङ्क्षरक प्रणाली अब समझ से बाहर है। क्योंकि खाने और सहांर के बीच में ज्यादा समय लगता है, मांस को जल्दी ही स्टोर और ट्रान्सपोर्ट बनाया और बांटा जाए यह मार्केट के द्वारा ही हो सकता है, जो कि समय की बरबादी है। बढ़ते हुए समय के दौरान ताजे मांस के आर्डर को देखते हुए कुछ बचाव की प्रणाली उपयोग में लायी गई है। फ्रिङ्क्षजग और रैफ्रिजरेशन एक आसान तरीका है परंतु यह बहुत महंगा और

गांव में आसानी से उपलब्ध नहीं है। ऊर्जा बचाव स्टोरेज प्रणाली इस तरह के गांव क्षेत्र में उपयोग है। यदि दोनों प्रणाली रैफ्रिजरेशन और ऊर्जा बचाव स्टोरेज काम में लाई जाए तो मांस और मांस पदार्थ की सैल्फ लाइफ बढ़ जाएगी और अच्छी तरह से पैङ्क्कग का भी एक अच्छा रोल होगा।

पैकेजिंग के उद्देश्य

मांस और मांस पदार्थ की पैकेङ्कजग के बहुत लक्ष्य व उद्देश्य होते है।

भौतिक बचाव : पैङ्क्कग के अंदर वस्तु का तापमान, झटकों, कपन तथा दबाव से बचाव जरूरी है।

अवरोध बचाव : आक्सीजन, पानी और धूल से अवरोध जरूरी है। पारगमन एक महत्वपूर्ण जारक है। सामग्री को साज, ताजा और स्वच्छ रखे क्योंकि इसकी सैल्फ लाइफ बढ़ाना हमारा सबसे पहला कार्य है।

रोकथाम : छोटी छोटी वस्तुओं के इकट्ठा करके एक पैकेट में रखे, जैसे 1 मांच पैकजिंग को एक डिब्बो मे संभालना आसान है। अलग अलग 1 मीट पैकट को संभालना मुश्किल है।

जानकारी हस्तातरण : पैङ्क्कग अच्छी तरह से लेबल हो ताकि पता लग सके कि इनको कैसे उपयोग करना है, पश्चिक्रण ट्रान्सपोर्ट और डिस्पोस करना है। कुछ पदार्थों के लिए सरकार की कुछ जानकारी अनिवार्य है। जैसे रसायन पदार्थ, भोजन, मेडिकल और फार्मास्यूटिकल आदि।

मार्केटिंग : मार्केट में बेचने वाले पदार्थ को पैङ्क्कग किया जाता है ग्राहकों द्वारा। ताकि ग्राहकों द्वारा उसके खरीदने की और मांग बढ़ जाए। पैङ्क्कग मे ग्राफ डिजाइन और भोतिक डिजाइन बहुत ही महत्वपूर्ण है। इस तरह की मार्केङ्कटग के लिए और माकेङ्कटग संचार और ग्राफिक डिजाइन पैङ्क्कग के ऊपर होने चाहिए जाहं पर हम इनको बेचने के लिए दिखाते है।

सुरक्षा : सिपमैन्ट मे सुरक्षा जोखिम को कम करने में पैकेङ्कजग सुरक्ष एक अहम भूमिका निभाती है।

सुविधा : पैङ्क्कग का महत्वपूर्ण गुण है जिससे हमें बांटने, संभालने, दिखाने, बेचने और खोलने और बंद करने और उपयोग करने में सहायता मिलती है।

आशील नियंत्रण : पैकेङ्क्षजग की एक डोज की एक अवयवों में नियंत्रति होती है। ज्यादा व अत्यधिक मात्रा को कई भागों में बांट दिया जाता है, जो कि हर घर के लिए उपयुक्त रहती है।

मांस तथा मांस उत्पादों की पैकेजिंग हेतु सही पदार्थ तथा यंत्र

उपयुक्त सामग्री और औजार मांस पदार्थों को पैकेङ्क्षजग हेतु कई भागों में बांट सकते है जैसे सेल्यूलीज, प्लासटिक और एल्यूमिनियम परत। इनको हम अकेले भी उपयोग में ला सकते है और दो और तीन अलग तरह की जितम भी उपयोग कर सकते है। ये पदार्थ गरम और ठंडे तापमान से बचाव और मैकनिकल शक्ति, आक्सीजन पर मियबातिती और पानी की बहाव में अलग हो सकते है। सभी परत थरमो प्लासटिक सामग्री की है और इसलिए हीट सिलेबल, और एक ऊंची आक्सीजेन बैरियर महत्वपूर्ण है। परत का प्रयोग मांस और मांस पदार्थ को पैकेजिंग करने के लिए पोलीनिनाइल क्लोराइड (पि. वी. सि.), पौलिइथाइलिन (पि. ई.) और पोलोपरोपाइलिन (पि. पि.) बना होता है, जो कि आक्सीजन के लिए परमियेबल है। जबकि पोलिबिनाइलन डाइक्लोराइड (पि. यु. डि. सि.), पोलिएस्टर (पि. ई. टि. पि.), पोलिएमांइड (पि. ए.) और सेल्यूलोज परत कम ऑक्सीजन परमियेबल है। यह सामग्री भी मांस और मांस पदार्थ की पैकेङ्क्षजग के लिए उपयुक्त है। पहले ग्रुप की सामग्री दूसरे ग्रुप की सामग्री को प्रभावित करने के लिए ताकि अच्छे से मैकनिकल स्ट्रेथ, हीट सिल प्रोपर्टी आक्सीजन और पानी इमपरामियेबल मिल सके, काम में लाई जा सकती है।

यह सभी कनसीडरेशन वैकयुम पैकड मीट एवं उत्पादों के लिए है। परन्तु पारंपरिक परिजरवड मीट और उत्पादों के यह स्थिति दूसरी होती है। इन सभी उत्पादों को सैल्फ स्टेबलीटी कम वाटर किया के कारण होती है। जिसके कारण इन्हें फ्रीज में रखने की जरूरत नहीं होती। इनको अपूर्ण रूप से सूर्य प्रकाश में सुखाया जाता है। उन्हें लकड़ी को आरा के स्मोक पर लगाया जाता है। ये कम नमी वाले पदार्थ हाइग्रोस्कोपिक होते है इसलिए ज्यादा हवा आर्द्रता से बचाना चाहिए। पारंपरिक पेपर, जूट या लेनिन जल के वाष्पों को अन्दर आने से नहीं रोक सकते। परंतु एक साधारण पोलीथीन टाईट पैङ्क्कग के साथ इस्तेमाल किया जा सकता है जिसमें मीट के टुकड़ों को पर्याप्त लम्बाई में काटा जाता है। बैग को रस्सी रबर या सैलोटेप से बांधा जाता है। इस तरह के भरे हुए बैगस को कार्टून में डाल दिया जाता है।

बढ़े असमान्तर कटस जैसे बैकोन, हेम, लायन इत्यादि को सिरिक पैकेङ्क्षजग में लपेटा जा सकता है। सिरिन्क पैकेङ्क्षजग के लिए जरूरी है कि यह ज्यादा स्टरकचरल ताकत जैसे पोलीपरोपाईलिन, पोलोस्टाईरिन, पोली बिनाईल क्लोराईड से बनी हो। इस तरह की फिलमस को नियंत्रित ताप में ठण्ड व गर्म से खींच कर बनाया जाता है। आजकल के समय वायोडिग्रेडेबल पैकेङ्क्षजग का महत्व बढ़ गया है। कोई भी बायोडिग्रेडेबल संसाधन 6 महीने में फानी तथा कार्बन डाई अक्साइड में बदल जाना चाहिए। बायोडिग्रेडेबल खासकर वनस्पतियों के पोलोसेकराईड जैसे स्टार्च, सेलुलोल जिलेटिन, गम, गलुटेन इत्यादि की बनी होती है। इस प्रकार को फिलमस में अच्छे मेकनिकल तथा ओपटीकल गुण होते है परन्तु इनकी कमजोर वाटर वापस क्षमता के कारण इनको ताजे पेङ्क्षकग के लिए काम नहीं लाया जा सकता। सुखे मीट को ज्यादा समय तक पारीजरव करने हेतु लेमिनेटिड फिलमस की वैकुयम पैकेङ्क्षजग की जा सकती है जो वातावरण के आक्सीडेशन और आर्द्रता से बचाती है। वैक्युम पैकेङ्क्षजग का पारपंरिक उत्पादों के लिए भी महत्व बढ़ गया है। यद्यपि ये सेल्फ स्टेबल होते है परन्तु हवा और नमी के कारण इनमें रेनसीडीटी सुगंध का लोस, सूक्ष्म जीवों की पनपता जैसी हानिकारक स्थितियां पैदा हो जाती है। हवा व वाष्प टाईट पैङ्क्षकग में ज्यादा सैल्फ लाइफ होती है। कम विकसित क्षेत्रों में साधारण वैक्युम पैकिङ्क्षजग मशीन सही मायने रखती है, जिनमें लीड वाला चैम्बर होता है जिसके कारण उत्पाद और पैङ्क्षकग मैटीरियल को चैम्बर के अन्दर रखकर विद्युत से वैक्युम बनाया जाता है। लीड को बन्द करने के बाद, चैम्बर और बैग से हवा बाहर निकाल दी जाती है। चैम्बर के अन्दर ही, हाथों से या मशीन से हरमौट्रिक सिङ्क्षलग की जाती है। सिङ्क्षलग के बाद, बैग को वातावरण में लाया जा सकता है।

पैकेजिंग के प्रकार

पैकेङ्क्षजग को कई प्रकार से बनाया जा सकता है जैसे ट्रांसपोर्ट पैकेङ्क्षजग, डिसट्रीब्यूशन पैकेङ्क्षजग, हैण्डलीग पैकेङ्क्षजग या आतंरिक पैकेङ्क्षजग या उपभोक्ता पैकेङ्क्षजग। पैकेङ्क्षजग के लिए, उत्पाद का प्रकार, पैकेङ्क्षजग यंत्र, बल्क पैकेङ्क्षजग, ओबर काउंटर पैकेङ्क्षजग, रिटेल पैकेङ्क्षजग इत्यादि को ध्यान में रखना चाहिए। इसलिए कभी-कभी पैकेङ्क्षजग को परत कार्य के आधार पर प्राथमिक या द्वितीय कहना उचित है।

प्राथमिक पैकेजिंग : इसमें उत्पाद के ऊपर पैङ्क्षकग मैटेरियल होता है जिसमें उत्पाद को रखा जाता है। यह डिसट्रिब्यूसन या प्रयोग में लाई जानी वाली सबसे छोटी पैकेङ्क्षजग होती है जिसमें उत्पाद पैकेङ्क्षजग मैटेरियल के साथ सीधे संपर्क में होता है।

द्वितीय पैकेजिंग : यह प्राथमिक पैकेजिंग के ऊपर की जाती है।

तृतीय पैकेजिंग : यह बल्क हैडलिंग वेयरहाउस भण्डारण तथा ट्रांसपोर्ट हेतु प्रयोग में लाई जाती है। सबसे ज्यादा काम लाई जाने वाली पैलेट इकाई होती है जिनको कन्टेनरस के अन्दर पैक कर दिया जाता है।

कई बार यह वर्गीकरण सही नहीं होता, जैसे के प्रयोग के आधार पर सिरिंक पैकेजिंग (प्राथमिक), छोटे पैकेटस (द्वितीय) तथा डिसट्रिब्यूसन (तृतीय)।

पैकिंग मैट्रियलस के लिए जरूरतें

गैस के विरुद्ध रूकावट : अच्छे गुण की वायु तथा नमी के विरुद्ध रुकावट बांछनीय होती है।

क) वायु का बाहरीकरण : वायु में 2 प्रतिशत आक्सीजन होती है, जो मीट व उत्पादों पर बुरा प्रभाव डालती है। यह लाल मीट को ग्रे या ग्रीन (हरा) में तबदील कर आक्सीडेशन या रेनसीडीटी पैदा करके दुर्गंध पैदा करती है। पैकेजिंग फिलमस की वायु पार क्षमता विभिन्न प्रकार की होती है। कम वायु पार क्षमता अच्छी मानी जाती है। आक्सीजन प्रूफ के साथ वैक्युम पैकिंग सर्वश्रेष्ठ मानी जाती है। केवल ताजे रेडी टू यूस उत्पादों को छोड़कर आक्सीजन की उपस्थिति पैकट में नहीं होनी चाहिए। ताजे मीट में आक्सीजन वाली फिलमस ब्राइट लाल रंग पैदा करती है।

ख) उत्पाद के वाष्प का रूकावट : ताजा मीट, ताजे सोसेज, पका हुआ हैम इत्यादि में वाष्प ज्यादा होता है। जिसके कारण उसका वजन होता है। इसलिए पैकट पर्याप्त प्रभाव से जलवाष्प प्रूफ होना चाहिए।

प्रकाश रूकावट : देर तक प्रकाश प्रभाव से रंग में बदलाव, आक्सीडेसन, रेनसीडीटी होती है। पैकेजिंग फिलमस में प्रदर्शित अटरेक्टिव पैकिंग के कारण प्रकाश दुष्प्रभाव डाल सकता है। प्रकाश सवेदित उत्पादों हेतु प्रकाश अवरोधी फिलमस काम में लानी चाहिए। एल्यूमिनियम लेमिनेटिड फिलमस फोयलस बहुत कारगरी होती है। पहले सेलुलोस की फिलमस भी प्रयोग लाई जाती थी परंतु इनमें कम स्वयं चिपकना तथा सिरों की कलिंग अच्छी नहीं होती थी।

सलिंग योग्यता : कुछ पैकिंग में अच्छी थर्मोप्लासटिक गुण होनी चाहिए। इस तरह में दो फिलमस के बीच दबाव से उच्च तापमान रोधी हरमै ट्रोकली बंद प्लासटिक पाऊच या बैगस की पैकिंग बनाई जाती है।

पैकिंग फिलमस के प्रकार

एक परतीय फिलमस : मीट के टुकड़ो, प्रसंस्कृत उत्पादों बोन या बोन लैस मीट कटस या पूरे कारकास की रैपिंग हेतु एक परत वाली फिलमस को काम में लाया जाता है। ये स्वयं चिपकने वाली कंलिग फिलमस, बाहरी गंदगी, वाष्पता और आक्सीजन से बचाती है क्योंकि ये हर मैट्रीकली या सिलड पैकिंग नहीं होती। पोलीइथाइलीन, पोलीअल्कोहल, पोलीविनाईल तथा पोलिपरो पईलिन की फिलम्स अच्छी सेल्फ चिपकदार होती है। एक परत वाली फिलमस को फ्रीजर में काम लाया जा सकता है। फ्रीजिंग से पहले मीट टुकड़े, मीट कट्स तथा उत्पादों के ऊपर एक परतीय फिलमस को खींचकर चढ़ाया जाता है। फिलम के टाईट होने के कारण वाष्पन, बर्फ बनना तथा फ्रीज बर्न कम होते है। पोलीएल्कोहल तथा पोलीइथाईलन की फिलम फ्रीजर स्टोरेज हेतु अच्छी होती है।

सुपर मार्केट में सेल्फ सर्विस आउटलेटस पर चिल्ड मीट टुकड़ों को रैप करने हेतु एक परतीय फिलमस काम में लाई जाती है। मीट के टुकड़ों को सेलुलोस या प्लासटिक ट्रे में रखकर टाईटली रैप कर दिया जाता है। परत के सिरों को ट्रे के नीचे कलिंग किया जाता है। कम वाष्पन तथा मीट के लाल को ध्यान में रखते हुए मीट हेतु प्लासटिक फिलमस (जिनमें ज्यादा आक्सीजन की ज्यादा आवाज जाही हों) को प्रयोग में लाया जाता है। जिसके कारण वायु की अक्सीजन, मीट के मायोग्लोबिन के साथ मिलकर अक्सीमायोग्लोबिन बना देती है। आक्समायोग्लोबिन कोई भी रसायन नहीं है। यह मीट को कुछ घंटों हेतु लाल रखता है।

ताजे मीट हेतु एक परत वाली पोलीइथाईलीन तथा पोलीविनाइल क्लोराइड वाली फिलमस अच्छी होती है।

मल्टीलेयर फिलमस : प्रायोगिक अन्य फिलमस मीट पैकिंग हेतु आक्सीजन तथा वाष्पन में बाधक होती है। इसके लिए पोलीएल्कोहल तथा पोलीइथाईलिन में अच्छी ऑक्सीजन तथा वाष्पन रोधी क्षमताए है। वैक्युम पैकिंग में पोली एल्कोहल बाहरी परत होती है जो कि आक्सीजन की अच्छी रोधक है। परन्तु वाष्पन से कम जबकि पोलीइलाईलिन में विपरीत गुण है जो कि वाष्पन प्रूफ ज्यादा है। इन दोनों का संमागीकरण सभी थर्मोप्लासटिक गुण देता है जिससे की इनको हीट सिल किया जा सकता है। मल्टीलेयर पैकिंग हेतु पोलीएल्कोहल तथा पी.ई. का समागीकरण सबसे साधारण है। पैकिंग इंडस्ट्री ने इसके साथ-साथ अन्य परतों को मिलाकर सीलेन्ट लेयरस बनाई है जैसे पोलीइथाईलिन या आइनोमर। बाहरी परत पोलीमाइड, पोलीएसटट या पोलीप्रोपाईलिन की हो सकती है। आक्सीजन की रूकावट हेतु पोलीविनाई डिलीन क्लोराइड की परत लगाई जाती है।

मल्टी लेयरस के बीच वैक्युम पैदा करके आक्सीजन से होने वाली रेनसीडीटी तथा रंग में

बदलाव को कम या रोका जा सकता है। परन्तु वैक्युम में भी ज्यादा प्रकाश रंग को बदल सकता है।

प्रसंस्कृत मीट उत्पाद या पूरे टुकड़े छोटे से मध्यम वैक्युम पैकट में डाले जाते है। बड़े आकार के उत्पादों को संकुचित व कृत्रिम फिलमस में डाला जाता है। जिसमें गर्म पानी (8ं डि.से.) के कारण थर्मोप्लासटिक फिलम में संकुचन होने के कारण अच्छी अवरोधक क्षमता पैदा हो जाती है। संकुचित फिलमस की कम्पोजिशन ऐसे होती है – पी.ई.टी/पी.ए./इ.बी.ओ.एच./पी.ओ.। वैक्युम पैकिंग के बाद भी कुछ मीट उत्पादों को हीट या 1ं डि.से. से ज्यादा पकाया जा सकता है।

6–8ं डि.से. या 1ं डि.से. से ज्यादा का तापमान हेम या सोसेज के लिए काम लाया जा सकता है। इस तरह पाश्चुराइजेशन या स्टीरलाईजेशन उत्पादों में बिना पकाये किया जा सकता है। जिससे की री–कन्टामिनेशन नहीं होती है। कुछ विशेष उत्पादों जैसे पूर्ण सोसेज, हेतु अर्धस्वचलित वैक्युम पैङ्किग की जा सकती है। गर्मी या बाहरी बल से सोसेज की आधार की बोटम फिलम लगाई जाती है। इन मशीनों को थर्मोफोरमरस कहते है। मोल्डीड स्थानों को खाली करने के बाद सोसेज को सख्त फिलम से सील कर दिया जाता है। प्रत्येक उत्पाद के टुकड़ों को सील लेयर के साथ काटा जाता है।

त्वचा पैकिंग : इस पैकेङ्कजग को बड़ी मीट औद्योगिकी में काम लाया जाता है। बोटम लेयर में सख्त फिलम रखकर उत्पाद को मशीन में डाल दिया जाता है। ऊपर की तरफ लचकदार गर्म की हुई फिलम को उत्पाद के ऊपर सलवटे बचाते हुए लगाई जाती है। उत्पाद की त्वचा जैसी स्थिति सिङ्कलग स्टेशन पर पैकेङ्कजग मशीन मे हो जाती है। जहां बोरम और ऊपर की फिलम के सिरों को सील कर दिया जाता है। बोरम सील के पेरीमीटर के साथ–साथ काटने से अलग–अलग कट लगाए जाते है। इस क्षेत्र में सबसे नवीन 'फोरम सख्कि' पैकेङ्कजग प्रणाली है। उत्पाद जैसे मीट कट्स, चिकन कारकास, पूर्ण सोसेज, मीट उत्पादों के छोटे टुकड़े, दो संकुचित फिलमस के बीच में रखकर बिना सलवटों के ढाल दिए जाते है। सिङ्कलग सील को बहुत छोटा रखा जाता है। यह प्रणाली बहुत खर्चीली है और इसे करने के लिए बहुत ज्यादा प्रौद्योगिक यत्रों की जरूरत होती है। इसलिए इसको केवल बड़े स्तर की इंडस्ट्रीज में किया जाता है।

परिवर्तित वातावरण पैकेजिंग (एम.ए.पी.) : इनमें गैस रोधक मल्टीपल लेयरस की फिलमस जो कि पी.ई., पी.ए. और रोधक परत की होती है। कप या बोक्स के आकार के कन्टेनरस को भरने हेतु सख्त फिलमस की काम में लाया जाता है। फिर उसके ऊपर एक

लचकदार लीड परत लगा दी जाती है। एम.ए.पी. सामान्य प्लासटिक पाउचिच और बैगस की लिए की जा सकती है।

एम.ए.पी. पैकेङ्कजग में पहले वैक्युम बनाया जाता है। सिङ्कलग से पहले गैसों का मिश्रण अन्दर डाल दिया जाता है जिसमें मुख्यत: नाइट्रोजेन (7-8%) व कार्बन-डाई-अक्साईड होती है। ये निष्क्रिय होती है जिसके कारण ये मीट उत्पादों के वसा तथा मायोलोबिन से क्रिया नहीं करती। इनका कार्य वायुमण्डीलय आक्सीजन को खत्म करके उसके दुष्प्रभाव को कम करना होता है। कार्बन-डाई-अक्साईड जीवाणुओं तथा मोल्डस की वृद्धि को कम करती है। यह सभी प्रसंस्कृत मीट उत्पादों जैसे कि ताजे मीट के टुकड़े जिनको आक्सीजन पमीयिबल रैङ्कपग की बाजार गैस प्रूफ पैङ्ककग में डालना हो उनको एम.ए.पी. किया जाता है। ताजे मीट के ब्राईट लाल रंग हेतु मिश्रण में नाइट्रोजन के कुछ भाग कि जगह आक्सीजन डाल दिया जाता है, इसके पर्याप्त मात्रा में 7-8% आक्सीजन तथा 2-3% कार्बन-डाई-अक्साइड की जरूरत होती है।

त्वचा तथा एम.ए.पी. पैकेङ्कजग छोटे उत्पाद को हेतु थोड़ी मुश्किल होती है इसलिए मध्यम मीट प्लाट में यह ज्यादा उपयोगी है। परन्तु आजकल छोटे स्तर के लिए छोटी हस्तचलित तथा अर्द्ध-स्वचालित उपकरण उपलब्ध है, परन्तु इनके लिए कृत्रित परत तथा जरूरती गैसों के मिश्रण का होना जरूरी है।

स्मार्ट पैकेजिंग : यह दो प्रकार की होती है - एक्टिव व इन्टलिजेन्ट एक्टिव पैकेङ्कजग में उत्पाद की सेल्फ लाईफ व गुणवता को बनाए या बढ़ाने हेतु एडिटिव डाले जाते है। इन्टेलिजेन्ट पैकेङ्कजग में पैकेङ्कजग आवरण को ऐसे बनाया जाता है जिससे की उत्पाद की सुरक्षा व गुणवत्ता का मोनीटर और पता लगाया जा सके।

आक्सीजन स्कवेन्जरस

ये पैकेङ्कजग के बाद में शेष आक्सीजन को चूस लेते है जैसे सेचेट, फिलम, कार्ड, क्लोजर लाईनर या कनसन्ट्रेर इत्यादि अवस्थाएं स्कवेन्जरस का काम करती है। आयरन पाउडर आक्सीजेशन असकोरबिक एसिड आक्सीडेशन, फोटोसेनसिटिव डाई आक्सीजेशन इन्जाईम आक्सीडेशन (ग्लूकोज आक्सीडेसन) एल्कोहल आक्सीडेसम) असंतृप्त फैटी अम्ल (ओलिक या लीनोलिनिक अम्ल), राईस एक्सटेडर तथा सोलिड तत्वों पर स्थिर यीस्ट इत्यादि स्कवेन्जरम का काम करते है।

कार्बन-डाई-अक्साईड सक्वेन्जरस व इमीटरस

पैकेज में कार्बन–डाई–अक्साईड सूक्ष्म जीवियों को कम करती है। क्योंकि कार्बन–डाई–अक्साईड की परमीयेबिलिटी आक्सीजन की तुलना में 3–5 गुणा ज्यादा है, इसलिए इसकी वांछनीय मात्रा बनाए रखनी की जरूरत होती है। कार्बन–डाई–अक्साईड चूसक भण्डारण के समय पैकेज के फटने से बचाते है जैसे कैल्शियम व सोडियम हाइड्रोकसाईड और पोटेशियम हाइड्रोसाईड, कैल्शियम अक्साईड या सिलिका जेल।

नमी कन्ट्रोल

वाटर एक्टिवीटी को कम करने हेतु नमी कन्ट्रोल जरूरी होता है। कन्डेनसेट तथा परत के बीच की टेंशन को कम करने हेतु प्लासटिक के साथ एंटी–फोग एडिटिव का प्रयोग किया जात है।

एंटी–माइक्रोबियल पैकेजिंग

ये पैकेङ्ग्जग सिस्टम जीवाणुं के लैग फेस को बढ़ाता तथा ग्रोथ फेस को कम करता है। सूक्ष्म जीवों को ज्यादा मात्रा उत्पाद के ऊपरी हिस्से पर होती है जहां पर एंटी बेक्ट्रीयल स्प्रे या डीप किया जा सकता है। परन्तु कुछ समय बाद में निष्क्रिय हो जाते है। इसलिए फार्मुलेशन में कुछ ऐसी माइक्रोबीयलस डाले जाते है जो एक सीमित समय तक कारगर होते है। ये दो प्रकार के होते है – एक जो सरफेस से अन्दर की तरफ चले जाते चले जाते हैं तथा दूसरे जो सरफेस पर रहकर जीवाणुओ की ग्रोथ रोकते है।

सेंसर (संवेदक)

संवेदक वह यंत्र है जो किसी सबस्टानस की भौतिक या रसायन गुणवता हेतु उसमें ऊर्जा या मैटर की पहचान, जगह या माप करता है। सेंसर में रिसेपटर और ट्रांसड्यूसर होते है। रिसेपटर भौतिक या रासायनिक सूचना को ऊर्जा में बदलकर, ट्रांसड्यूसर से मापा जाता है। ट्रांसड्यूसर वह यंत्र है जो कि भौतिक या रासायनिक सूचना का विश्लेषण में बदल देता है।

गैस सेन्सरस : ये यंत्र संवेदक की भौतिकी को बदलकर रीवरसीबली तथा क्वान्टीटेटवली काम करते है। इनमें आजकल के संवेदक जैसे आक्सीजन, पोटेनशियोमैट्रीक कार्बन–डाई–अक्साइड, धातु अक्साईड अर्द्ध कन्डकटर क्षेत्रीय प्रभावी ट्रांजिसटरस, ओरगेनिक कन्डक्टर पोलीमरस तथा पीजीयो एल्केट्रिकल होते है।

फलोरीसेन्स बेसड आक्सीजन संवेदक : पैकेङ्ग्जग हेड स्पेस में आणविक आक्सीजन सामान्य डिफ्यूजन से संवेदनशील परतों में पेनीट्रेट करके ल्यूमीनीसेंस को क्यून्च करती है

(कोलिशनल, मैकेनिशम)। ल्यूमीनीसेंस में परिवर्तन से आक्सीजन को मापा जाता है। इन्डीकेटर डाई तथा इन्कैपसुलेटिम पोलीमस माध्यम संवेदक की संवेदनशीलता तथा प्रभावी कार्य क्षमता को दर्शाते है। खाद्य पैकेङ्गजग हेतु लोंग एमिशन वाली डाई जैसे पी.टी.-पोरफाईरन के साथ पोलीस्टाईरिन (पोलीमैट्रिक्स) प्रयोग में में प्रभावी होते है।

बायोसेन्सर : ये संकुचित यंत्र होते है जो बाईलोजिकल क्रियाओं की सूचनाओं को पहचान, लेखा तथा संचार करते है। ये बायोरिसेपर (एन्जाईम, एन्टीजन, सूक्ष्मजीवी, हार्मोन तथा न्यूकलिक एसिड) एवम ट्रांसड्यूसर (एलैक्ट्रोकैमिकल, आप्टीकल या कैलोरिमिट्रक) के बने होते है।

इन्डीकेटरस : इन्डीकेटरस दूसरे सब्सटान्सों की उपस्थिति, अनुपस्थिति, मात्रा या दो या दो से अधिक सबसटान्सों के बीच क्रिया की मात्रा से रंग में परिवर्तन इत्यादि को दर्शाता है। संवेदकों की तुलना में इन्डीकेटरस में रिसेपटर या ट्रांसड्यूसर नहीं होते क्योंकि ये डारकेटली विजअल बदलाव से काम करते है।

इन्टीग्रीटी इन्डीकेटरस : नान इनवेसिव इन्डीकेटअरस क्वांटीटिव या सेमी क्वांटीटेटिव सूचना को विजअल बदलाव या तुलनात्मक तरीके से सूचना देते है। इन्डीकेटर तथा सूक्ष्मजीवी ग्रोथ के मैटाबोलाईट से रसायनिक क्रिया के बाद गुणवत्ता का पता लगता है। मीट उत्पादों में आरगेनिक एसिडस जैसे एन-ब्यूटाईलेट, एल-लैक्टिक एसिड, डी-लैक्टेट तथा एसिटिक एसिड इत्यादि प्रयोग में लाए जाते हैं।

टाइम-तापमान इंडीकेटअरस : यह यंत्र खाद्य उत्पाद के अन्दर समय-तापमान के आधारित बदलाव को मापता है। प्रदूशत रिसपोन्स भण्डारण तापमान की क्यूमूलेटिव इन्डीकेशन देता है जिस पर इन्डीकेटर एक्सपोज हो जाता है।

रेडियो फ्रीक्वेन्सी आइडेन्टीफिकेशन : यह इन्टेलीजेन्ट पैकेङ्गजग पर आधारित होता है। यह यूजर इन्फोरमेशन सिस्टम को रीयल टाइम में कैपचर, स्टोर व सूचना को ट्रांसमिट करती है। इस तरह के सिस्टम में मूलभूत रूप से दो भाग होते हैं - इन्टेरोग्रेटर (ट्रांसमीटर तथा रिसीवर) और ट्रांसपोन्डर। टैगस दो प्रकार के होते है (क) एक्टिव टैगस, जो 5 मीटर तक की दूरी पर बैटरी से ङ्गसगनल को आपरेटर तथा रीडर के बीच पहुंचाने है। (ख) पैसिव टैगस : ये केवल 5 मीटर तक व ऊर्जा पर चलते है।

अध्याय-13

मांस उत्पादों की लेबलिंग

खाद्य कम्पनियों द्वारा उपभोक्ताओं हेतु खाद्य लेबल महत्वपूर्ण है, क्योंकि यह कंपनी का उपभोक्ता के साथ सीधे संचार का माध्यम है। उपभोक्ता के लिए ये विभिन्न सूचनाएं देती है जिससे वह खरीदने का मत देता है। खाद्य सुरक्षा मानक एक्ट, 26 के अनुसार - खाद्य के ऊपर किसी तरह का लिखा, प्रिंट या ग्राफ उस खाद्य का लेबल होता है। इसके अलावा कोई भी व्यक्ति बिना विशेष नियंत्रण के कोई भी खाद्य पदार्थ बिना लेबल के न तो बना सकता है, न बेच सकता है।

लेबल इमीडियेट कन्टेनर पर प्रिंट, ग्राफ, स्टिकर, सील, लेख होता है। एफ.एस.एस. 26 का 4.1.1 नियंत्रण सामान्य लेबङ्क्लग की जरूरतें बनाता है (1) प्रत्येक पूर्व पैकड़ खाद्य पर लेबल होना चाहिए। (2) पूर्व-पैकेजड खाद्य पर कोई ऐसा लेबल नहीं होना चाहिए जिससे की खाद्य के बारे में गलत सूचना जाए (3) लेबल कन्टेनर से दूर नहीं होने चाहिए (4) लेबल साफ, उभरा हुआ, अखाद्य तथा खरीद व प्रयोग हेतु होना चाहिए। (5) यदि कन्टेनर को रैप किया गया है तो रैपर पर पर्याप्त मात्रा में लेबल की सूचना होनी चाहिए।

इससे अलावा एफएसएस (26) का क्लाज 23 - (1) कोई भी व्यक्ति बिना नियंत्रण तथा लेबल के किसी भी पैकेजड खाद्य को सेल, स्थानतरण या बाजारी नहीं कर सकता। इसमें लेबल खाद्य के बारे में कोई गलत सूचना न दे (मेडिसीनल तथा उपचारिक कलेम) (2) प्रत्येक बिजनेस कर्ता को जरूरी है कि वह खाद्य की लेबङ्क्लग तथा प्रजेनटेशन में आकार, दिखावट, पैकेङ्क्जग, पैकेङ्क्जग पदार्थ, एरेन्जमेंट इत्यादि बताए चाहे वह किसी भी माध्यम में हो।

मैन्डेट्री जरूरते

कोडेक्स एलिमेन्ट्रियस आयोग तथा एफ.एफ. एक्ट, 26 ने एक डाक्योमेन्ट खाद्य औद्योगीकियों हेतु लागू किया इसमें कुछ सामान्य नियम तथा आठ विशेष नियम है। विशेष नियम में प्रत्येक उत्पाद पर (1) उत्पाद नाम (2) इस्टाबलिशमेन्ट नम्बर (3) हैडङ्क्लग स्टेटमेंट (4) नेट भार स्टेटमेन्ट (5) इनग्रेडियन्ट स्टेटमेन्ट (6) पता (7) पोषण तथ्य (8) सुरक्षित हेडङ्क्लग होने चाहिए। इनमें से कुछ नीचे बताए गए है। सूचना लेबल के विशेष

हिस्से में होनी चाहिए। लेबल का डिजाइन सूचना के प्रकार पर भी निर्भर करता है। यह सूचना कानून के अनुसार होनी चाहिए। सूचना हमेशा सही, उभरी हुई, पारदर्शी होनी चाहिए।

उत्पाद का नाम

सभी मांस उत्पाद नाम से पहचाने जाते है। यदि उत्पाद का कोई सामान्य नाम, प्राय नाम अथवा डिसक्रिपटिव नाम है तो एक स्टैंडर्ड लेबल नाम होना चाहिए। उत्पाद का नाम सटीकता से उत्पाद की जानकारी दे। इसके अलावा विस्तृत जानकारी दे। उत्पाद को उसकी लेबङ्क्षलग से पहचाना जाना चाहिए। यदि कोई स्टैंडर्ड नाम नहीं है तो उसके बाद वाले सामान्य या प्राय नाम को लिखना चाहिए। परन्तु यह नाम भी नियमों पर खरा उतरना चाहिए। स्टैंडर्ड नाम की अनुपस्थिति में सामान्य नाम पूरा विवरण दे तथा यह उत्पाद की सभी मूलभूत अवस्थाएं तथा गुण व घटक प्रदूशत करें।

उत्पाद का नाम उभरा हुआ, फैन्सीफुल, अलग-अलग आधार, विभिन्न, जानने योग्य तथा लेजीबल होना चाहिए। कोई भी लेबल नाम उत्पाद के नाम के सबसे बड़े अक्षर के 1/3 वा आधार से कम नहीं होना चाहिए। कई बार उत्पाद को नाम के साथ कुछ ऐसी लाइने हो जो की दूसरे मिलते जुलते नाम से भ्रांति पैदा न करें। यह लाइने बिना किसी रुकावटी डिजाइन के उत्पाद के नाम के साइज से आधे से कम तथा 1/8 इंच ऊंचाई से कम नहीं होनी चाहिए तथा उत्पाद नाम के वाले ही स्टाइल, डिजाइन, रंग में होनी चाहिए।

इस्टाबलिशमैन्ट नम्बर

एक कार्यशाला इस्टाबलिशमैन्ट नम्बर (एफ.एस.एस.ए.आई लाइसेंस नम्बर) सभी इन्सपैक्शन सूवस को दिया जाता है जिससे की उत्पाद के सभी कन्टेनरस की पहचान होती है। यदि कोई उत्पाद कन्टेनर पर इस्टाबलिशमैन्ट नम्बर नहीं है तो वह उत्पाद मिसलिडिड माना जाता है।

नेट क्वांटिटी

एफ.एस.एस. 26 ने खाद्य पैकेज को उपभोक्ता को बेचने हेतु लेबङ्क्षलग के नियम बनाए है। यह सूचना मिलते-जुलते उत्पादों की सूचना का तुलनात्मक ब्यौरा देती है। सभी खाद्य लेबल भार, आयतन तथा संख्या की सही सूचना दे। सूचना ठोस, दूत, अर्द्धद्रव्य या चिपने-पन के बारे में भी हो। संख्या एवोरडुपोयस भार तथा तरल आयतन के बारे में होनी चाहिए। दी गई क्वांङ्कटटी सूचना से यदि कुछ कमी नमी या किसी अनियंत्रित स्थिति के कारण हो तो यह मिसलिड नहीं माना जाएगा।

कुछ निवन भार की सूचना लेबल के निचले 3 प्रतिशत हिस्से में आधार से समान्तर होनी चाहिए तथा यह एक खाली स्थान जो की वैसी ही ऊंचाई का हो जो अक्षरों की ऊंचाई में हो।

इनग्रेडियन्ट लेबलिंग

इन्ग्रेडियन्ट लेबङ्कलग उपभोक्ता को मीट उत्पाद की विस्तृत जानकारी देती है। इसकी जरूरत तब होती है जब उत्पाद में दो या अधिक इन्ग्रेडियन्ट हो। सभी इन्ग्रेडियन्ट प्राय नाम में भार के अनुसार कम होते क्रम में लिखे जाए। यदि उत्पाद का नाम सभी इन्ग्रडियन्ट दर्शाए तो इन्ग्रेडियन्ट स्टेटमेन्ट की जरूरत नहीं होती। कोई भी इन्ग्रेडियन्ट दी गई स्टेटमेंट से कम या ज्यादा नहीं होना चाहिए। जब दो मांस इन्ग्रेडियन्ट 7 प्रतिशत से कम हो तथा कोई भी इन्ग्रेडियन्ट भार में 3 प्रतिशत से कम न हो, इन इन्ग्रेडियन्ट को इन्टरचेंज फार्मुला से लिखा जा सकता है। इन परिस्थितियों में शब्दों के बीच 'और' लगाकर लिखा जाता है। इन्ग्रेडियन्ट तथा सबइन्ग्रेडियन्स को दो तरह से लिखा जाता है - (1) पेरेनथीटीकली के बाद स्टेंडर्ड इन्ग्रेडियन्ट (कम्बोनेट लेबङ्कलग) (2) स्टैंडर्ड खाद्य नाम के बिना परीडोमीनेन्स ऑर्डर में (कम्पोशिट लेबङ्कलग)। यह हमेशा ध्यान दिया जाता है कि एक वांछनीय स्टेटमेंट लोगों की संवेदनों या इनटोलीरेन्स के लिए होती है जैसे कि कुल इन्ग्रेडियन्ट मोनोसोडियम ग्लूटामेट (एस.एस.जी) सल्फाइट, लैक्टोस, पेलो-5 (टारटाराजीन) इत्यादि।

एड्रसलाईन

एफ.एस. एस. 25 के अनुसार लेबल के नाम साथ-साथ बिजिनिस करने वाले का नाम, पता, बनाने वालों जगह, पैकङ्कजग तथा डिस्ट्रीब्यूटर इत्यादि का विवरण हो। डिस्ट्रीब्यूटर का नाम 'के द्वारा बनाया गया' या 'के द्वारा ड्रिस्टीब्यूट' फराज में होना चाहिए।

सुरक्षात्मक हैडलिंग निर्देश

इनकी जरूरत कच्चे, अपूर्ण पकाव, घरेलू या संस्थानों हेतु उत्पादों के लिए होती है। ये रेडीटूएट उत्पादों पर नहीं हो सकती है परन्तु इनमें पूर्ण पकाब मीट हिस्सा होना चाहिए। होलसम स्थिति हेतु ये निर्देश उत्पाद पर होनी चाहिए। जैसे रेफ्रीजिटर में रखे, फ्रोजन रखे या पेरीसेबल इत्यादि।

पोषण लेबलिंग :

मानव उपयोग या बिक्री हेतु केवल एक इन्ग्रेडियन्ट, कच्चे व एग्जकार उत्पादों को छोड़कर सभी मांस उत्पादों पर पोषण लेबलिंग जरूरी है। एग्जकार उत्पाद छोटे बिजनेस वाले उत्पाद होते है जिन्हें उपभोक्ता हेतु और ज्यादा प्रसंस्करण की आवश्यकता होती है। उत्पाद के पोषक लेबल पर लिखे जाते है। इसके अलावा कुछ वांछनीय पोषक लेबल पर होते है।

पोषकों का क्रम इस प्रकार होता है – टोटल कैलोरी, वसा से कैलोरीज, संतृप्त वसा से कौलोरी, पूर्ण वसा (ट्राइगिलसराइड), संतृप्त वसा, ट्रांस वसा, स्टोयरिक अम्ल, पुफा वसा, मोनो असंतृप्तवसा, कोलेस्टोल, सोडियम, पोटेशियम, टोटल कार्बोहाइड्रेट, डाइट फाइबर, घूले फाइबर, अघूले फाइबर, सुगर–सुगर, ग्लूकोज, फ्रकटोज, लेक्टोज, सुक्रोज, सुगर एल्कोहल, अन्य कार्बोहाइड्रेट, प्रोटीन, विटामिन, खनिज सामान्यत: यह जरूरी नहीं है कि प्रोटीन वैल्यू का डेली प्रतिशत लिखा जाए परंतु यदि उत्पाद नवजात या 4 साल से कम उम्र के बच्चे के लिए है तो – विटामिन ए सी, कैल्शियम, आयरन तब यह लिखा जाए। प्रत्येक इनग्रडियन्ट की मात्रा लिखी जाए केवल विटामिन व खनिज को छोड़कर क्योंकि इनको प्रतिशत डेली व्लेयू में लिखा जाता है। पोषण पैनल के फुटनोट में 'प्रतिशत डेली वैल्यू 2 कैलोरी डाइट के आधार पर' लिखा जाना चाहिए। आपकी डेली वैल्यू आपकी कैलोरी जरूरतों से कम या ज्यादा हो सकती है।

खाद्य लेबल के डिजाइन हेतु टिप्स तथा पिटफाल्स

- हमेशा लेबल को कोडक्स ए.एफ.एस.एस.एक्ट 26 के अनुसार ही बनाए।
- ध्यान रखे की प्रत्येक खाद्य लेबल की सभी आवश्याकताएं पूरी है।
- ब्रांड नाम, मार्केटिंग कॉपी तथा अन्य सभी सूचनाओं को नियमों के अनुसार रिव्यू करें।
- इनग्रेडियन्ट स्टेटमेंट में सबी कम्पोनेट पूरी तरह दिए गए है।
- सटीकता तथा फार्मूलेशन सूचना हेतु इनग्रेडियन्त स्टेटमैन्ट को रिव्यू करे।
- लेबलिंग फाइल को पूरा रखें ताकि जैनेटिक एपरुवल की संसोधनाओं के बाद पूर्ण एपरोबल के बाद फर्म अपने पास रख सके।

लेबलिंग नियमों की अंडरस्टेन्डिंग

उपभोक्ता विश्वास के साथ अपने स्वास्थ्य, खान–पान, स्वाद तथा खर्च के अनुसार खाद्य लें। वे दूसरे मिलते जुलते उत्पादों में लेबल से तुलनात्मक सूचना ले सके। उन्हें पता होना चाहिए की जिस लेबल के उत्पाद हेतु उन्होंने खर्च किया है वह सही है के नहीं। खाद्य सुरक्षा एजेन्सी इनका ध्यान रखती है। मिसलेबलिंग हमेशा सुरक्षा समस्याएं भी नहीं देती।

जिन उत्पादों को हम खरीदते है वो उनकी कम्पोजिशन भी लेबल के अनुसार होनी चाहिए। अन्य क्षेत्रों जैसे कि फिश फिंगर जिनमें कुछ मानक नहीं है फिर लेबलिंग मिसलिडिंग नहीं होनी चाहिए। यदि खाद्य लेबल मिसलिडिंग है, इसका प्रभाव उपभोक्ता के साथ–साथ व्यापारियों के बीच प्रतियोगिता कर देता है। खाद्य का विवरण उसके नाम, कम्पोजिशन,

प्रसंस्करण तथा उद्गम से होता है। पुरातन काल में आधार भूत खाद्य जैसे आटा, मशाले तथा बीयर को सस्ते इनग्रेडियन्ट से एडलटिरेट किया जाता था।

लेबल में मिसब्रडिंग

कोडक्स तथा एफ.एस.एस. 26 के अनुसार कारकास, मांस या मांस उत्पाद को मिसब्रांड कहा जाएगा यदि

(1) उत्पाद की लेबलिंग झूटी या मिसलिडिंग है।

(2) यह किसी अन्य उत्पाद के लेबल से बेचा जाता है।

(3) यह दूसरे उत्पाद का इमीटेशन है।

(4) कन्टेनर मिसलिडिंग है।

(5) बनाने वाले, पहुंचाने वाले तथा क्वांटिटी का लेबल नहीं है।

(6) लेबलिंग उभरी नहीं या छुपी हुई है।

(7) यह स्टैंडर्ड के अनुसार नहीं है।

(8) यह स्टैंडर्ड को पूरी तरह नहीं पूर्ण करता है।

(9) इस पर प्राय: या आम नाम नहीं है।

(1) यह कृत्रिम महक-रंग का तथा रसायनिक परीजरवेटिव रखता है।

यदि कोई उत्पाद मिसब्रांड है तो एफ.एस.एस.एक्ट के अनुसार बनाने वाले पर जुर्माना लगाया जा सकता है। इनमें लेबलिंग की रिसीनडिंग, उत्पाद रिटेन्शन, उत्पाद डिटेनशन, उत्पाद रीकाल, प्रेस रिलीज, जुर्माना, कर्मिनल प्रोसिक्यूशन इत्यादि शामिल है। इसके अतिरिक्त बनाने वाले को जांच निलंबन तक भी रोका जा सकता है।

लेबलिंग मेछूट:

लेबलिंग के नियम उत्पाद के प्रसंस्करण, कटाई, पैकेटिंग इत्यादि पर निर्भर करते है। यदि उत्पाद इमीडीयट कन्टेनर में है तथा इसको सिपिंग कन्टेनर में नियमों के अनुसार डाला गया है तो इमीडीयट कन्टेनर को सुरक्षा आवरण समझकर इसको मार्केटिंग तथा लेबलिंग जरुरतों में छूट है। परन्तु यह छूट जरुरती पहचान तथा चिहनों पर लागु नही होती। सिपिंग कन्टेनर के उपर लिखा जाना चाहिए। केवल सस्थान के उपयोग हेतु पैकड़। अप्रंसस्कृत उत्पादों हेतु पारदर्शक फिलमस सुरक्षा आवरण को ध्यान रखते हुए जरुरीती लेबलिंग जरुरतो से छूट लेती है।

अध्याय - 14
मांस उत्पादों की गुणवत्ता का परीक्षण

गुणवत्ता परख के आधारभूत प्रयोगों में कोई बड़ा उपकरण नहीं होना चाहिए, इसलिए संवेदना परख सबसे महत्वपूर्ण बन जाती है। कुछ सामान्य भौतिक परीक्षण थर्मोमीटर, मेनोमीटर, पैमाना इत्यादि से आसानी से किए जा सकते है। इसके विपरीत रसायनिक तथा सूक्ष्मजीवी परीक्षण कठिन होती है। इन परीक्षणों में अच्छे उपकरण, कुशल व अनुभवी व्यक्ति की जरूरत होती है। इस अध्याय में गुणवत्ता कंट्रोल हेतु बिना किसी विशेष लेबोरेट्री के आवश्यक दिशा निर्देश दिए गए है।

सभी माँस प्लान्ट के लिए यह जरूरी की लगातार गुणवत्ता बनाए रखने के लिए प्रयास करे। यद्यपि छोटे मांस प्लान्ट के पास इसके लिए कोई विशेष कर्मचारी प्रयोगशाला नहीं होती। परन्तु इससे गुणवत्ता और हाईजेन रोधकता नहीं होनी चाहिए। यहां पर निर्देश दिये गये कि कैसे एक कुशल कर्मचारी गुणवत्ता बना सकता है वो भी बिना किसी विशेष प्रयोगशाला के।

यद्यपि बताई गई प्रोयोगिक विधि साधारण है और अनुमानित नतीजे देती है परंतु फिर भी ये उत्पाद की गुणवत्ता सुधारने में असरदार है। इस अध्याय में सवेदना, भौतिक रासायन और सूक्ष्मजीव परीक्षण के तरीके बताए गए है। जिस तरह की सटीकता चाहिए, के हिसाब से ये तरीके बिल्कुल आसान या फिर बहुत मुश्किल हो सकते है। अगर उपभोक्ता और मांस प्रसंस्करक को मांस उत्पाद या मांस की गुणवत्ता की जानकारी देनी है तो आसान और कम समय लेने वाले तरीके सबसे अच्छे होते है। अवशेष, जहर, और विशेष कमोपोजिशन की जानकारी केवल विशेष प्रयोगशाला में ही मिल सकती है। गुणवत्ता बनाने के लिए जो मूलत: तरीके होते है उनमें कम से कम उपकरणों का प्रयोग होता तथा उनमे प्रदर्शित सवेदना परीक्षण बहुत जरूरी योग्य है। कई भौतिक तरीके बिल्कुल साधारण से उपकरणों के प्रयोग से किए सकते है। परंतु रसायन और सूक्ष्मजीव वाले तरीके थोड़े मुश्किल है। इन को करने मे मानक उपकरणों के साथ-साथ अनुभवी आदमी भी चाहिए जो इनको कर सके और अच्छे परिणाम दे सके। नीचे दिए गए परीक्षण उपाय सामान्य मांस उत्पादों हेतु प्रयोग किए जा सकते है।

1. सवेदना परीक्षण

मांस उत्पाद की गुणवत्ता, एसेस्मैन्ट करने के लिए सवेदना परीक्षण बहुत फायदेमंद तरीका है। इसमें मांस उत्पाद की स्वीकार्य और गुणवत्ता दृष्टिकोण परीक्षण करने के लिए सवेदना

का प्रयोग होता है। सवेदना परीक्षण के तरीके में साधारण तौर पर उत्पाद का रंग, सुगंध, स्वाद और टैशटर मांस विधि के द्वारा जांचा जाता है। और जटिल तरीके के लिए प्रशिक्षित समूह का प्रयोग किया जाता है जिससे की अच्छे नतीजे मिले। परंतु इसके लिए हर एक समूह के लिए अलग परीक्षण कमरा होता है जिसमें प्रकाश, तापमान और बैठने की जगह होती है, क्योंकि इससे एक–दूसरे समूह का ध्यान भंग नहीं होता। एक आदर्श व्यस्था के लिए एक समूह में दस आदमी होते है जो आमतौर पर मांस प्लान्ट में काम करते है। अगर दस आदमी ना मिले तो कम आदमियों का समूह भी अच्छे परिमाण दे सकता है परंतु उनके सवेदना परीक्षण की अच्छी जानकारी होनी चाहिए। यह जरूरी की भरोसेमंद परिणाम के लिए समूह को सवेदना परीक्षण के तौर तरीकों के निदेर्शों का पता होना चाहिए। रंग, टैक्सटर, महक और स्वाद का पता लगाने के लिए केवल वही लोग समूह में होने चाहिए, जिनकी सवेदना क्षमता अच्छी होती है।

सभी समूह को एक जैसे और मानक तरीकों का ही प्रयोग करना चाहिए ताकि उनके परिणाम तुलनात्मक हे। हर समूह को एक स्कोर शीट के साथ होना चाहिए जिसमें वो अपने परिणाम लिख सके जो उन्होंने महसूस किये है। सामान्य प्रोयोगिक विधि जो प्रयोग किये जा रहे है (1) पेयरड तुलनात्मक विधि : सामान्य अन्तर के लिए यहा पर दो कोडेड सैम्पल दिये जाते है। (2) त्रिकौनीय विधि : तीन कोडेड सैम्पल होते है और एक ही समय पर जिनमें से दो एक जैसे होते है और तीसरा अलग होता, समूह को आड सैम्पल चुनना होता है। (3) हिदोन स्केल रेटिंग, इसमें सैम्पल को उसके प्राथमिकता के हिसाब से चुना जाता है।

मांस उत्पादो के हिडोनिक पैमानिक रेटिंग हेतु स्कोर सीट

सवेदना एट्रीबयुट	उत्पाद के सवेदना एट्रीबयुट							
	8.	7.	6.	5.	4.	3.	2.	1.
दिखावट/महक/ बाइंनडिग	अति उत्कृष्ट	बहुत अच्छा	अच्छा	सतोष जनक	थोड़ा तुच्छ	उदारवादी तुच्छ	बहुत तुच्छ	अत्यंत तुच्छ
टैक्सचर/ क्रीसपीनैस	अत्यंत वाछनीय	बहुत वाछनीय	उदारवादी वाछनीय	थोड़ा वाछनीय	थोड़ा अवाछनीय	उदारवादी अवाछनीय	बहुत अवाछनीय	अत्यंन्त अवाछनीय
जूसीनेस	अत्यंत जूसी	बहुत जूसी	थोड़ा जूसी	उदारवादी जूसी	उदारवादी सुखा	थोड़ा सुखा	बहुत सुखा	अत्यंन्त सुखा
ऑवरआल स्वादहता	अत्यंत स्वादिष्ट	बहुत स्वादिष्ट	उदारवादी स्वादिष्ट	थोड़ा स्वादिष्ट	थोड़ा अस्वादिष्ट	उदारवादी अस्वादिष्ट	बहुत अस्वादिष्ट	अत्यंत अस्वादिष्ट

'सैम्पल	दिखावट	महक	जुसीनेस	टैक्सचर	बाइनडिग	ऑवरआल स्वादहता
1						
2						
3						

हस्ताक्षर व तिथि

रिमार्क

मांस प्रसंस्करण में भौतिक परीक्षण

प्रसंस्करण मे भौतिक तरीके या तो मांस और मांस उत्पाद की जो सही स्थिति होती है उस पर या फिर जो स्थिति उसके आसपास होती है जैसे की संग्रहण कमरा, पैकेज आदि। इसके लिए जो उपकरण प्रयोग किये जाते है वो आसानी से प्राप्त होने वाले होते है और उनका प्रयोग मांस हैण्डलिंग भी किया जाता है। भौतिक तीरकों में तापमान, अम्लता (पि. एच.), जल संक्रीयता और जल बंधन क्षमता नापी जाती है। प्रकाश की तीव्रता और मैकानिकेल टैक्सयर दूसरे मापदण्ड है जो भौतिक तरीके में पाये जाते है।

तापमान : सूक्ष्मजीवों की वृद्धि कम (-१ से +४ डि.से.) करने व रोकने (-१८ से-३० डि.से.) के लिए मांस और मांस उत्पादो को कम तापमान चाहिए।

मांस को पकाने के लिए ज्यादा तापमान चाहिए (55^0 डि.से. डिनेचुरेशन के लिए परंतु आमतौर पर 100^0 डि.से. के आसपास किया जाता)। केनिंग के लिए 100^0 डि.से. से ज्यादा और स्टेराइलाजड उत्पाद के लिए जहां पर सूक्ष्मजीव को रोकना है उसके लिए 121^0डि.से. कम से कम तापमान होना चाहिए। डिजिटेल तापमापि से और इनफ्रारेड तापमापी सिस्टम से तापमान नापा जा सकता है।

महत्वपूर्ण तापमान नियंत्रित विन्दु:

- फ्रिज कमरा (फ्रिजर-18^0डि.से.- 30^0डि.से., चिल्लर ० से +७ डि.से.)
- चिल्ड कमरा (14 से +7^0डि.से.)
- काटिंग कमरा (+10 से +15^0डि.से.)
- क्युरिंग कमरा (5 से 10^0डि.से.)
- कुकिंग वेट में पानी का तापमान (75^0 डि.से. से 78^0डि.से.) पाश्चुराईजेशन पकाने के दौरान
- उत्पाद के आदरुनी भाग का तापमान (लगभग 68^0 डि.से./72^0डि.से.)
- स्टेलिराईजेशन के दौरान कोर तक का तापमान (100^0डि.से. से ऊपर)
- औटोक्लेव में स्टेलिराईजेशन तापमान (100^0डि.से. से ऊपर)

अम्लता (पि एच) नापना : बैटरी से चलने वाले उपकरण जिनको आसानी से लाया या ले जा सकते है उनमे कांच के इलेक्ट्रेड होते है। इनसे मांस और मांस उत्पाद की पि. एच. आसानी ने जांच की जा सकती है। उपकरण के इलेक्ट्रेड सवेदित भाग को मांस मे लगाने से पि एच नापी जाती है। ताजे और कच्चे मांस की पि एच नापने से पहले उस पर थोड़ा डिस्टिल पानी डाल देना चाहिए क्योंकि इलेक्ट्रेड गिला होना जरूरी होता है और केलिबरेशन उपकरण के लिए जरूरी है जिससे वो सही से पि एच नाप सके।

मांस के सूक्ष्मजीव और कीपिंग गुणवत्ता के लिए पि एच संख्या बहुत जरूरी है। जीवित जानवर में, मांस उतक की पि एच 7.0 से 7.1 होती है। संहार के बाद पि. एच. में कमी आती

है और काफी घंटों के बाद पि एच इसकी सबसे कम संख्या पर पहुंच जाती है जो 5.6 से 5.8 होती है। अम्लियता में बढ़ोतरी (८२४)लेकटिक अमल बनने की बजह से होती है। मांस में लेकटिक अमल के कारण पि एच कम होती है जो महक और कीपिंग गुनवत्ता के लिए जरूरी है। एक ही कारकज की अलग-अलग मसल में या फिर अलग कारकज में पि एच कमी की एक जैसी नहीं होती। परंतु असाधारण प्रक्रियाएं मांस की गुणवत्ता जैसे टिकाउ, साफ-सुथरा और उद्योगिकी पर प्रभाव डालती है। पि. एच. से सम्बन्धी दो प्रकार की एबनोर्मल क्रियाएं होती है। पहली पि. एच. बहुत तेजी से कम होती है। (2) भरने के बाद भी पि. एच. सामान्य रेंज में नहीं पहुंचती और 7 के आसपास रहती है। दोनों एबनोर्मलेटिज आसानी से पता की जा सकती है। जब मरने के एक घंटे बाद ही पि. एच. 5.6 से 5.8 हो तो यह तेजी से पि एच की कमी को दर्शाता है। यह केवल सूअर में होता है जिसमें मांस पेल, मुलायम और एक्सुडेटिव (पी.एस.ई.) हो जाता है। इसके पेल रंग और पानी की बजह से यह मांस हेम और सोसेज बनाने के लिए प्रयोग नहीं किया जा सकता। अपर्याप्त पि. एच. में कमी जो सूअर और भैस दोनों में होती है, यह हाइजेन स्गिनिफिकेन्ट की होती है क्योंकि पि एच सूक्ष्म जीवी को प्रभावि करती है। इस मांस की पि एच 7 के आसपास रहती है और यह सख्त और सुखा (डि एफ डि) होता है। यह मांस और मांस उत्पाद जो लम्बे समय तक संग्रिहित किये जाते है उनके लिए प्रयोग नहीं किए जा सकते। हालांकि यह कुकड़ उत्पादों के लिए अच्छा होता है। क्योंकि इसकी बहुत अच्छी जल बंधन क्षमता होती है। इससे पता चलता है कि मांस उत्पाद बनाने के लिए कच्चे मांस की चयनता में पि. एच. बहुत महत्वपूर्ण होती है। इसलिए स्थान्तरण पि. एच. मिटर मांस में बहुत ज्यादा प्रयोग होता है। पि. एच. मांस की सतह या फिर मांस के अंदर नापी जाती है। मिटर में सवेदित सिसे होते है और उनके इलक्ट्रोड (के. सि. एल. द्रव्य)। एक परत से जुड़े होते है। ये परत में एच. धनात्मक के अन्तर को नापती है।

टेबल १ : मांस तथा मांस उत्पादों हेतु टीपीकल पी.एच. संख्या

उत्पाद	पी.एच. (रेंज)
जैली में मांस मिक्चर + वीनाइगर	4.5-5.2
कच्चे किणवित सोसेज	4.8-6
बीफ	5.4-6
पोर्क	5.5-6.2
केनड मांस	5.8-6.2
क्युरिंग बरीन	6.2-6.4
बल्ड सोसेज	6.5-6.8
मांसपोशीय उत्तक सहार के तुरंत बाद	7-7.2
रक्त	7.3-7.6

आर्द्रता : मांस प्रसस्करण और संग्रहण के कुछ क्षेत्र में आर्द्रता बहुत महत्वपूर्ण होती है। हाइग्रोमीटर आपेक्ष आर्द्रता नापने के लिए प्रयोग होता है और इसे उत्पादन और संग्रहण कमरे में लगाया जाता है। काटिंग कमरे में आर्द्रता की मात्रा, इतनी होनी चाहिए कि यह मांस की सतह पर पानी की बूंदे न आने दे। वाष्पन मांस की सतह पर सूक्ष्मजीवों की वृद्धि बढ़ाती है तथा संग्रहण चिल्लर ताजे मांस की आर्द्रता संन्तुलन बनाये रखते है जिससे सतह पर पानी नहीं आता और सूक्ष्मजीवों की वृद्धि नहीं होती। परंतु दूसरी तरफ वाष्पन हानी को कम करते है। इसके लिए आपेक्ष आर्द्रता 70% के आसपास होनी चाहिए। जिस चेम्बर में सुखे सोसेज मेचुरेशन के लिए रखी जाती है इसकी आपेक्ष आर्द्रता नियंत्रण में होनी चाहिए। इसकी शुरुआत 70-75% से होनी चाहिए और थोड़े समय बाद अन्त में 70-75% आपेक्ष आर्द्रता से होनी चाहिए। यह क्रिया संन्तुलित ड्राइंग और राइंपनिग के लिए जरूरी है। आर्द्रता मापने हेतु माप टेबल २ मे दर्शाए गए है।

टेबल २ : तुलनात्मक आर्द्रता हेतु सख्याएं

मांस बोनिंग व कटिंग कमरा	45-60%
मांस पैकेजिंग कमरा	45-60%
चिलिंग कमरा	85-95%
मांस स्लाईज/राइपनिग कमरा	75-85%
कच्चे किणवित हैम तथा सोसेज हेतु राइपनिंग कमरा	85-95%

जल क्रिया: यह खाद्य पदार्थ मुक्त पानी सूक्ष्मजीवी की वृद्धि के लिए उपलब्ध होता है। जो पानी का भाग बाष्प के रूप में खाद्य पदार्थ से निकाला जा सकता है उसे मुक्त पानी कहते है। इसलिए जल क्रिया जल वाष्प पदार्थ में और सतृप्त जल वाष्प उसी तापमान का अनुपात है। यह परिभाषा बहुत सारे मांस उत्पाद के लिए प्रयोग होती है जिनकी कीपिंग गुणवत्ता उनके पानी की मात्रा पर निर्भर करती है। सूक्ष्मजीवों को पनपने के लिए कुछ मात्रा में पानी चाहिए। कम से कम पानी जो सूक्ष्मजीवों के लिए चाहिए वह हर प्रकार के सूक्ष्मजीव के लिए अलग होता है और उस मात्रा को कम से कम जल क्रिया कहते है।

कम से कम पानी जो अलग-अलग सूक्ष्मजीवों को चाहिए इस प्रकार है-सामान्य जीवाणु 0.9, यीस्ट 0.80, सामान्य कवक 0.80, होलेफाइल जीवानु 0.77 सूखे मांस और मांस उत्पाद की कीपिंग गुणवत्ता उन की क्रिया पर निर्भर करती है। यह परिस्थिति उन उत्पादकों के जटिल हो जाती है जो आसानी से सुखाये नहीं जा सकेत जैसे कि सोसेज और कच्चा हेम। इन उत्पादकों की जल क्रिया बहुत कम है पर फिर भी इनसे सूक्ष्मजीव आसानी से पनप सकते है। इस परिस्थिति में इनकी संग्रहण आयु बढ़ाने के लिए बहुत सारे पदार्थ मिलाये जाते है जो सूक्ष्मजीवों की वृद्धि रोक सके जैसे कि नमक की मात्रा, जल क्रिया इत्यादि।

जल क्रिया नापने का सही तरीके यह है कि किसी बंद चेम्बर में पदार्थ रख दो और वहां की हवा की आपेक्ष आर्द्रता नाप हो। कुछ समय के बाद मांस उत्पाद और वाताबरण के बीच एक बराबरता स्थापित हो जाता है। इस समय की आर्द्रता पदार्थ और हवा दोनों की बराबर होती है और जल क्रिया नापी जा सकती है। मांस उद्योगिकि के मे प्रयोग होने वाले जटिल उपकरणों के अलावा यहां पर साधारण उपकरण की जरुरत होती है जो मांस उत्पाद की जल क्रिया नाप सके।

टेबल ३ : मांस उत्पादो मे सुक्ष्मजीवो की वृद्धि हेतु टीपीकल (बाएं) तथा लिमिटिंग (दाएं) जल क्रिया

उत्पाद	जल क्रिया (रेंज)
ताजा मांस	0.99 (0.99 to 0.98)
पका हुआ हैम	0.97 (0.98 to 0.96)
कच्चा-पका सोसेज	0.97 (0.98 to 0.93)
लीवर सोसेज	0.96 (0.97 to 0.95)
बल्ड सोसेज	0.96 (0.97 to 0.86)
कच्चे किणवित हैम	0.92 (0.96 to 0.80)
कच्चे किणवित सोसेज	0.91 (0.96 to 0.70)
सुखा मांस	0.70 (0.90 to 0.60)

सूक्ष्मजीवी	जल क्रिया	
शुडोमोनास	0.93	
इ. कोलाई	0.93	
सालमोनिला	0.91-0.95	अधिकत्तर जीवाणु 0.91–0.96 जलक्रिया के बीच
लिशचिरिया	0.93	
क्लोसट्रीडियम बोटुलिनम प्रकार	0.91-0.95	
क्लोसट्रीडियम परफरीनजिज	0.93-0.95	
बैसिलस स्पीसिज	0.90-0.95	
लैक्टो बेसिलस	0.90	
स्टैफ. अरीयास	0.86-0.90	
अधिकत्तर खमीर	0.87-0.90	
अधिकत्तर कवक	0.80-0.85	

बरीन में नमक की मात्रा– ड्राई क्युरिग के अलावा पैकिंग और क्युरिग के लिए बरीन प्रयोग किया जाता है। यह बरीन पानी में धुले हुए नमक होते है और इसके साथ–साथ चीनी और नाइट्रेट भी होते है। इस प्रक्रिया में या तो मांस बरीन घोल में डुबोया जाता है या किसी विशेष यंत्र से फिर बरीन घोल को मांस में इनजेक्ट किया जाता है है। दोनों तरीकों में नमक पर ही सवेदना गुणवत्ता निर्भर करती है। दूसरे शब्दों में यह कि नमक की जरूरत 2–2.5 प्रतिशत पक्के हुए उत्पादो में और 4.5 से 5% कच्चे क्युरड और सुखे उत्पादो में होनी चाहिए। इस मात्रा को सुनिश्चित करने के लिए नमक की मात्रा नापना जरूरी है। इसके लिए सेलीमीटर बहुत उपयोगी यंत्र है। सेलीमीटर रेडिंग मांस की सतह पर नमक की मात्रा को दर्शाता है। अलग–अलग तकनीकी मांस के लिए 8 से 22% नमक (सडियाम क्लोराईड द्रव्य) का प्रयोग करती है।

रसायनिक विश्लेषण हेतु साधारण उपाय (प्रोटीन, वसा, जल, ऐश) : रसायनिक विश्लेषण किसी भी उत्पादक की पोषण या टिकाऊ गुणवत्ता के लिए किया जाता है। हर

बार के रसायनिक विश्लेषण के लिए मांस अच्छी तरह से पिस कर किया जाता है और तोला जाता है। नमी की मात्रा सैम्पल को अच्छी तरह सुखाकर ज्ञात की जाती है। ताजा और सुखाने के बाद जो भी भार का अन्तर होता है उसे नमी कहते है। माइक्रोवेव का प्रयोग करते समय में नमी को ज्ञात किया जा सकता है। प्रोटीन की मात्रा प्रयोग शाला में जडाहल तरीके के प्रयोग से ज्ञात की जाती है। इसमें मांस को पहले अमल में भुना जाता है ताकि नाइट्रोजेन पदार्थ मिल सके और बाद में उसको डिस्टिल और टाइट्रेट किया जाता है जिससे नाइट्रोजेन की सही मात्रा का पता चल सके और जिसके साथ प्रोटीन की मात्रा का पता चल सके। सामान्य विधि में प्रोटीन सीधे तौर पर नहीं नापा जा सकता परंतु पानी वसा और कार्ब्रोहाइड्रेट निकलने के बाद जो 1 में से बचता है वह लगभग प्रोटीन होता है। यह तरीका केवल मांस और मांस उत्पादों के लिए होता है। जिन उत्पादों में एक्सटैंडर और गैर मांस पदार्थ डाले है जैसे दाम वनस्पति स्टार्च उनमें यह प्रयोग नहीं होता है। वसा की मात्रा का मापन काफी मुश्किल होता है क्योंकि विश्लेषण यंत्र चाहिए। सोक्सहलेट यंत्र में सैम्पल अर्द्धशुष्क होने चाहिए। एक्सट्रेशन पूरा करने के बाद वसा प्राप्त करने के लिए वाष्पन और इथर रिकवरी करनी पड़ती है। वसा रहित सैम्पल से बाद राख प्राप्त करने के लिए $+600^0$डि. से. पर दो घंटे के लिए मफल भट्टी में रखा जाता है। राख का भार फिर खनिज भाग निकालने के लिए प्रयोग होता है जो प्रतिशत में होता है। (ऐश वजन/कुल सैम्पल वजन)

मांस और मांस उत्पादों की सैम्पलिंग

चरण 1 : कम से कम 5 ग्राम ठण्डे मांस को पहले पीसो तथा 3 मि.मी. प्लेट वाले ग्राइन्डर का प्रयोग करो

चरण 2 : जल्दी से कम तापमान पर मिलाओ।

चरण 3 : सैम्पल को किसी ग्लास के वायु टाइट कन्टेनर में रखो।

चरण 4 : विश्लेषण के लिए सैम्पल तैयार है अगर देरी होती हैं तो उसे फिर से ठण्डा करो ताकि सूक्ष्मजीवी ना पनप पाए।

चरण 5 : सैम्पल को जितनी जल्दी हो सके तोलो नमी की मात्रा कम होने से बचाने के लिए।

नमी विश्लेषण:

माइक्रोवेव ड्राइंग सैम्पल को पहले माइक्रोवेव ऑवन में सुखाया जाता है और फिर जो भार कम होता है उसे नमी कहा जाता है। यह तरीका ताजे मांस, अर्द्ध प्रसंस्कृत, मांस मिक्स और प्रसंस्कृत मांस उत्पादों के लिए प्रयोग किया जाता है। इसको करने के लिए निम्न उपकरणों की जरूरत होती है–मिक्सर 6 मि.मी. प्लेट के साथ, 0.1 सवेदना के साथ खाद्य प्रसंस्करण हेवी ड्युटी तराजु, 600-700 वाट उर्जा वाला माइक्रोवेव ऑवन, बेकरी फिल्टार पेपर के साथ डेसिकेटर, किचन, क्लोथ, सिलिकोन कारबाईड, रेत या नमक।

टेबल ४ : मांस साइज को सुखाने हेतु अनुमानिक समय

सैम्पल साइज	सुखाने का समय
3x10 ग्रा.	3.5-4.5 मिनट
3x10 ग्रा.	7.5-9.5 मिनट
2x50 ग्रा.	8.5-11 मिनट

गणना :

बीकर और सैम्पल का भार = ए

फिल्टर पेपर और बीकर का भार (+ सैम्पल (सुखाने से पहले)+ = बि

फिल्टर पेपर+बीकर+सैम्पल (सुखाने के बाद) = सि

$$\% \text{ नमी} = \frac{(\text{बि}-\text{सि})}{(\text{बि}-\text{ए}) = (\text{सैम्पल का भार})} \times 100$$

विधि

1. पिसने और कुटने से पहले सैम्पल तैयार करो।
2. ऑवन को चालू करो।
3. बीकर और फिल्टर पेपर को ऑवन में सुखाओ।
4. माइक्रोवेव में सैम्पल सुखाने के लिए समय सुनिश्चित करो जिसमें पूरा सैम्पल सुख जाए।
5. खाली बीकर और फिल्टर पैपर को तोलो तथा 10 ग्रा. सैम्पल तोलो और अच्छी तरह फैलाओ बीकर पर फिल्टर पेपर रखो और उसको तोलो।
6. सैम्पल को ऑवन में सुखाने के लिए रखो।
7. सैम्पल को डेसीकेटर में रखकर ठण्डा करो और तोलो।
8. सूखने की प्रक्रिया को बार-बार करो जब तक एक समान वजन (कान्सटेन्ट) ने प्राप्त हो जाए।

माइक्रोवेव ऑवन से सुखे सैम्पल में क्रुड वसा का मापन

1. सूखे सैम्पल को तोलो।
2. सूखे सैम्पल को फिल्टर पैपर में रखकर उसे लपेट दो।
3. सूखे सैम्पल को साक्सलेट एस्क्ट्रेकशन परखनली में रखो जो कि साक्सहलेट फ्लास्क से जुड़ी है।
4. परखनली में पर्याप्त मात्रा में इथर डालो।

5. 1 घण्टे तक एक्सट्रेकशन करो, 3-4 बूंदे एक सेकेंड की पर से निकलो और हवा से सूखा लो। इसे बाद ऑवन में 100^0 डि.से. पर सूखाओ और डेसीकेटर में ठण्डा करो। वसा रहित वजन करो जब तक कन्सटेन्ट वजन ना मिले।

गणना :

$$\% \text{ वसा} = \frac{\text{सूखे सैम्पल का भार} - \text{वसा रहित का सैम्पल का भार}}{\text{सैम्पल का वास्तविक भार}} \times 100$$

सूवे सैम्पल का भार = बीकर का भार+फिलटर पेपर+सुखा सैम्पल–बीकर का भार+फिलटर पेपर

राख (ऐश) मापन :

1. वसा रहित सैम्पल एक समान भार की पोरसेलिन क्रुसिबल में रखो।
2. इसके बाद क्रुसिबल को मफल भट्टी 600^0 डि.से. तापमान में दो घंटे तक रखो।
3. इग्नीशन के बाद क्रुसिबल को 30 मिनिट के लिए ऑवन में रखो तथा इसके बाद 30 मिनिट के लिए डेसिकेटर में ठण्डा करो।
4. सैम्पल का वजन करो

$$\% \text{ राख} = \frac{(\text{कवर के साथ क्रुसिबल का बजन + राख}) - \text{कवर के साथ क्रुसिबल का बजन}}{\text{सैम्पल का वास्तविक भार}} \times 100$$

प्रोटिन का मापन

प्रोटीन % = 100% (पानी + % राख + % वसा)। यह सूत्र उन मांस उत्पादों के लिए प्रयोग नहीं होती जिनमें एक्सटैंडर होते है।

जल बंधन क्षमता : यहे मांस की आगामी प्रंसस्करण में काफी महत्वपूर्ण योगदान देती है। यह मांस बैटरस के लिए भी जरूरी में जिसे आगे तापमान प्रभाव देती है। कम जल बंधन क्षमता से उष्मा प्रभाव के दौरान जैलीया वसा अलग हो जाते है। जल बंधन क्षमता सीसे वाले कम्प्रेशर से ज्ञात कि जा सकती है जिसमें मांस को कागज को की परतों के बीच दबाया जाता है। जितना ज्यादा कागज भाग पानी में भीगेगा उतना ही कम जल बंधन क्षमता होगी।

लक्श मीटर : यह उपकरण रोशनी को जांचने और अगर जरूर हो तो कार्यक्षेत्र में रोशनी की तीव्रता बढ़ाने के काम आता है। मांस प्रंसस्करण के दौरान कार्य क्षेत्र में रोशनी ३०० लक्श तथा नियत्रित गुणवत्ता वाली जगह पर ५०० लक्श होनी चाहिए।

टैक्सटर विश्लेषण हेतु यंत्र : मांस और मांस उत्पाद की सवेदना परख टैण्डड़नेश, सख्तपन, एक सामनता के लिए काफी होती है। अगर इसके बारे में ज्यादा कुछ जांचना है तो आधुनिक उपकरणों की जरूरत होती है। टैक्सटर विश्लेषण किसी भी मांस को काटने के लिए शियर बल मापता है।

सूक्ष्मजीवी परीक्षण :

सूक्ष्मजीवी की जांच बिना किसी प्रयोगशाला के नहीं की जा सकती है। इसके लिए सैम्पल तैयार करना होता है जिसके लिए स्टीराइल परिस्थितियों की आवश्यकता होती है, स्थिर तापमान पर इनक्युबेशन करना होता है, और परिणाम को किसी निष्कर्ष पर लाने के लिए ज्ञानवान व्यक्ति की जरूरत होती है। फिर भी सूक्ष्मजीव जांचने के तारीके केवल जगह और उपकरणों की हाइजेन परिस्थिति जांचने के लिए तरीका है। यह सत्य है कि गंदी जगहों पर ज्यादा सूक्ष्मजीवी होते है। परंतु यह पर कन्टामिनेशन के स्त्रोत की पहचान करना बहुत जरूरी है। इन परिस्थितियों में सूक्ष्मजीव जांच करना बहुत फायदेमंद है और जल्दी से मुश्किल ठीक हो जाती है। सूक्ष्मजीवी जांचने का मकसद उपकरणों की सतह पर औजारों पर, मांस और मांस उत्पाद पर कितनी कन्टामिनेशन है ये बताना है। यह जांच संख्या से भी की जा सकती है। सूक्ष्मजीवी परख कन्टेकट विधि तथा इम्परेशन प्लेट के प्रयोग के द्वारा की जाती हैं।

(क) कन्टेकट विधि : जिस उपकरण की जांच करनी हैं उस पर कलचर मिडिया में रखा जाता है। जो सूक्ष्मजीवी उपकरण की सतह पर वहां से मिडिया के साथ चिपक जाते है। इस मिडिया को 30^0 पर दो दिन तक इनकुबेट किया जाता है। हर एक सूक्ष्मजीवी अपनी कोलोनी बनाता है जिसे नंगी आंख से देखा जा सकता है और कोलोनी को गिनकर कन्टमीनेशन के लेवल का पता लगाया जाता है।

लाभ : आसान प्रक्रिया, बिना प्रयोग शाला के कर सकते है।

नुकसान : अगर ज्यादा कन्टमीनेशन हो तो कोलोनी एक दूसरे से मिल जाती है। जिन्हें पहचानना काफी मुश्किल होता है। एक नया बजरीकरण जो सिस्टम उपलब्ध है, वह ज्यादा सही परिणाम देता है, कलचर मिडिया को प्लास्टिक की चीप से लगाया जाता है जिसके पास फ्लेक्सिबेल हिंज होती है जिसे अच्छी तरह पकड़ा जा सकता है। सतह को जांचने के बाद चीप को ट्युब में रखा जाता है और $35\text{-}37^0$ तापमान पर इनकुबेट किया जाता है। जिस जगह से कन्टेकट नहीं होता उसके लिए स्वैब के तरीके का प्रयोग किया जाता है और इम्पयुरीटीज को मिडियिा में डाला जाता है।

(ख) स्वैब विधि : सूक्ष्मजीवी को सतह से स्वैब का प्रयोग करके निकाला जाता है। एक मानक वर्गिकृत क्षेत्र से मानकीकरण की जरूरत होती है। सूक्ष्मजीवी जो कि स्वैब तरीके से प्राप्त होते है उन्हें पानी से उतार लिया जाता है, तब पानी में सूक्ष्मजीवी जांच की जाती है।

फायदा : ज्यादा कन्टेमेनेशन के दौरान भी सूक्ष्मजीवियों की संख्या का पता लगाया जा सकता है।

नुकसान : कन्टेमेनेशन के कुछ सूक्ष्मजीवी दोबारा उग सकते है।

(ग) डिस्ट्रकटिव विधि (मांस और मांस उत्पाद के लिए) : मांस और मांस उत्पादक की सतह से एक मानक सैम्पल काट लिया जाता है। यह एक साफ चाकू और धातु फ्रेम की मदद से लिया जाता है। जो सैम्पल लिया जाता है, इसके नीचे वाली सतह से मांस हटाकर किया जाता है। यह तब तक किया जाता है जब तक एक मानक ना प्राप्त हो जाए (उदाहरण १० ग्रा.)।

फायदा : यह सभी सूक्ष्मजीवी के लिए होता है जो सैम्पल में होते है। सैम्पल को वजन और क्षेत्रफल के हिसाब से सही मानकीकरण किया जा सकता है। सैम्पल केवल सतह वाले सूक्ष्मजीवी ही नहीं बल्कि अंदर वाले सूक्ष्मजीवी को इकट्ठा करता है। सैम्पल को साफ पानी का प्रयोग करके और प्रयोगशाला के उपकरण का प्रयोग करके मिलाया जाता है। डाइलुशन विधि द्वारा एक समान सैम्पल को कलचर मिडिया पर ट्रांसफर किया जाता है।

सूक्ष्मजीवी विश्लेषण

(क) पूर्ण प्लेट कांउट न्यूट्रीयंट अगार के प्रयोग से

जीवित सूक्ष्मजीवियों की संख्या जांचने हेतु :-

1. मांस सैम्पल (10 ग्रा. मांस + 90 मि.ली. स्टीराइल डिस्टिल पानी या 0.1 पेपटोन पानी) को स्टोमचर में मिश्रित किया जाता है।
2. पहले डिस्टिल से दूसरे में 1 मि.ली. डालो। इसके बाद दूसरी ट्युब से 1 मि.ली. तीसरी ट्युब में डालो, ऐसे ही करो जब तक 4 वा या 6 वा डाइलुशन ना हो जाए।
3. इसकी बाद सैम्पल डालो
4. 3वा डाइलुशन से 1 मि.ली. स्टीराइल पेटरेडिस में डालो और 4व डाइलुशन से दूसरी स्टीराइल पेटरेडिस में डालो। यह निर्भर करता है कि कितने डाइलुशन

चाहिए इनोकुलेशन, स्प्रेड प्लेट विधिके हिसाब से किया जाता है। डाइलुशन सैम्पल को जमे हुए अगार की सतह पर डालो और इसे एक मुड़ी हुई कांच की पाइप से फलाओ। दूसरा तरीका पोर प्लेट विधि है जहां पर सैम्पल को पहले पेटरेडिस में डाला जाता है और उसके ऊपर 15 मि.ली. अगार (44-46^{0}डि.से. पर) पर डाला जाता है। उसके बाद अगार और सैम्पल को घुमाकर अच्छी तरह मिलाया जाता है।

5. 35 से 37^{0}डि.से. तापमान पर 12 से 15 घण्टे तक इन्कुबेटर करो या फिर 24-48 घण्टे 30^{0}डि.से.

6. परिणाम

सभी कोलोनी फोरमिंग युनिट (सि एफ यु) को गिनो। जो पीन पांइट साइज की है।

- सामान्य प्लेट कांउट 25 से 250
- जिन प्लेटों में 25 से ज्यादा कोलोनी होती है, वो बहुत ज्यादा है।
- बिना किसी (सि एफ यु)के प्लेट (संम्बधित डाइलुशन से १ गुणा से भी कम)

(ख) चयनात्मक प्लेट कांउट

मांस और मांस उत्पादो के लिए सभी जीवानु के लिए टेटेल प्लेट कांउट एक अच्छा इन्डीकेटर है। जब ताजा मांस में जीवाणु 10000 तथा 100,000 प्रति ग्रा. हो जाए तो करीटीकल हाइजिन डाइमेनशन पहुंच जाता है। हालांकि कुल संख्या के हिसाब से कोई निष्कर्ष नहीं निकाला जा सकता है इसलिए प्रोयागात्मक सूक्ष्मजीवी मानक होना चाहिए। कुल सूक्ष्मजीवी कांउट के साथ हाइजेन सवेदी जो की विशेष सूक्ष्मजीवी को इन्डिकेट कर सके। इस तरह के सूक्ष्मजीव सभी प्रकार सूक्ष्म जीव में से छंटने पड़ते है। इनमें चयनित मिडिया का प्रयोग करके किया जाता है क्योंकि इसमें वो एडिटिव होते है जो बाकी सभी सूक्ष्मजीव की वृधि को रोकते है। उस सूक्ष्मजीवी के अलावा जो इन्डिकेटर के रूप में प्रयोग होता है।

एन्टीरोबैक्ट्रीऐशी समूह में लगभग इन्डिकेटर सूक्ष्मजीव है, एन्टीरोबैक्ट्रीऐशी आंत के सूक्ष्मजीव का हिस्सा होता है। इसका मतलब ये मल में बहुत ज्यादा मात्रा में पाते है। सभी प्रकार के खाद्य विषाकता वाले जीवानु इसी समूह में पाये जाते है। उदाहरण के लिए इ. कोलाई, सालमोनिला। अगर एन्टीरोबैक्ट्रीऐशी खाने में ज्यादा मात्रा में है तो इसका मतलब ये है कि यहां पर खाने में डर्ट या मल की मिलावट हो सकती है और विशेष खाद्य बिषकता जीवाणु

की उपस्थिति हो सकती है।

अच्छे सूक्ष्मीजीवी मानको के अनुसार एन्टीरोबैक्ट्रीऐशी की संख्या 100 प्रति ग्रा. से ज्यादा नहीं होनी चाहिए। वायलट रेड बाइल अगार का प्रयोग एन्टीरोबैक्ट्रीऐशी के लिए चयनित कलचर के रूप में किया जाता है। जिसमें क्रिस्टल वायलट और वाइल साल्ट होते है, जो दूसरे सूक्ष्मजीवों की वृद्धि रोकते है। दूसरे चयनित कलचर जिनका प्रयोग किया जाता है इस प्रकार है- लेक्टोबेसिलस एम. आर. एस. अगार (लेक्टोबेसिलस स्पीशीज के आइसोलेशन लिए) स्टेफाइलोकोकश के लिए बेयरड पारकर अगार, सालमोनिला के लिए सालमोनिला एगयोक टुलेरेट अगार, इ कोलाई की के लिए मेकोन्की अगार और यीष्ट तथा कवक हेतु पोटेटो डेक्शट्रोज अगार। बाजार में सूक्ष्मजीव जांचने की किट उपलब्ध है जो संक्रीनिंग परिणाम देती है तथा बिना किसी प्रयोगशाला के प्रयोग किये जा सकते हैं। ये किट विशेष तौर पर सालमोनीला, लिशचिरिया और इ.कोलाई. ओ. 157:एच7 जेसे सूक्ष्मजीवीयों के पता लगाने के लिए बनाई गई है। ये सूक्ष्मजीवी की उपस्थित का पत्ता रंग बदलने पर पता लगाती है। सैम्पल के पदार्थ को जब उस सैम्पल के तरल सस्पैशंन में डुबाया जाता है तो इसका रंग बदल जाता है।

अध्याय - 15
मांस प्रसंस्करण की शुद्ध स्वच्छ प्रक्रियाएं

एक स्वच्छ कार्यक्रम तभी सफल होगा यदि मांस केन्द्र के कर्मचारी आधारभूत स्वच्छता की आवश्यकताओं के बारे में अच्छी तरह सजग व जानकार हो। स्वच्छ आवश्यकताओं को लागू करने के लिए इसे इस प्रकार वर्गीकृत किया गया है, निजी स्वच्छता, स्लाटर व मांस प्रसंस्करण की स्वच्छता, आस-पास वाले जगह की स्वच्छता और स्लाटर व मांस प्रसंस्करण वाले औजारों की स्वच्छता। ये सभी क्षेत्र बराबर महत्व वाले है और इन चारों में से किसी भी क्षेत्र की लापरवाही खतरों को पैदा कर सकती है, जिसमें आ़थक नुकसान हो सकता है और उपभोक्ता का स्वास्थ्य प्रभावित हो सकता है।

मांस शुचिकरण एक गंभीर क्षेत्र है, जो सक्षम नियम प्राधिकरण और मांस क्षेत्र में आंतरिक स्वच्छता के कार्यक्रमों पर आधारित है, जिसे मांस केन्द्र के प्रधान द्वारा नियंत्रित किया जाता है। ये कार्यक्रम तभी सफल होंगे यदि मांस केंद्र के कर्मचारी आधारभूत स्वच्छता की आवश्यकताओं के बारे में अच्छी तरह सजग हो। स्वच्छ आवश्यकताओं को लागू करने के लिए इसे इस प्रकार वर्गीकृत किया गया है -निजी स्वच्छता, स्लाटर व मांस प्रसंस्करण की स्वच्छता, मांस केन्द्र के आस-पास वाली जगह की स्वच्छता और स्लाटर व मांस प्रसंस्करण वाले औजारों की स्वच्छता। ये सभी देश बराबर महत्व वाले है और इन चारों में से किसी भी क्षेत्र की लापरवाही खतरों को पैदा कर सकती है, जिससे आ़थक नुकसान हो सकता है और उपभोक्त के स्वास्थ्य को प्रभावित कर सकता है। मांस प्रसंस्करण केन्द्र की कुछ आधारभूत जरूरते इस प्रकार है। अधिक विस्तृत स्वच्छता की आवश्यकताएं राष्ट्रीय नियमों और अंतर्राष्ट्रीय कोई में डाली गई है जैसे कि एफएओ/ड्ब्ल्यूएचओ, को इस एलिमैटोरिय, कोड ऑफ हाइनीमिक प्रैकिटरस (सीएसी/ईसीपी 58-25), स्लाटर स्वच्छता और मांस परिवहन और संपूर्ण स्वच्छता के दिशा-निर्देशों को यहां सम्मिलितच नहीं किया गया है। जबकि मांस, मांस उत्पादों के प्रसंस्करण के लिए मुख्य पदार्थ है। स्लाटर घर और शीतलीकरण में स्वच्छता को बनाए रखना बराबर रूप से महत्वपूर्ण है।

क) निजी स्वच्छता के सिद्धांत

1) साफ वस्त्र पहनना

2) काम करने से पहले हाथों को धोना

3) काम के दौरान बार–बार हाथों को धोना

4) काम के दौरान अंगूठी, घड़ी, ब्रासलेट आदि नहीं पहनना।

5) उत्पादन क्षेत्र में केवल काम वाले वस्त्र पहनना।

6) हाथों/औजारों, कपड़ों को धोना, साफ करना यदि वे कीटाणु गौर संक्रान्ति वस्तुओं के सम्पर्क में हो।

7) चाकू से लगे घावों को पामीरोधक पट्टी से बांधना। मवाद घाव वालों कर्मचारियों से मांस वाल काम नहीं करवाना चाहिए (श्टेक ओरियस जीवाणु फैलने का खतरा)

8) प्रसाधन स्वच्छता को विशेष ध्यान (एप्रैन निकलना, हाथ धोना व कीटाणु रहित करना आदि)।

9) प्रसाधन को साफ–सुथरा रखना चाहिए और ये उत्पादन क्षेत्र के सीधे सम्पर्क में नहीं होने चाहिए।

1`) स्टाक की समय–समय पर चिक्तिसीय जांच।

ख) मांस प्रसंस्करण की आधारभूत स्वच्छता

1) मांस कटावन व अस्थिहरण आदर्श रूप से वातावरण नियंत्रित कमरों में करना चाहिए (लगभग 1 सेलसियास) कम हवा की आर्द्रता के साथ। मांस को धीरे–धीरे आगे की ओर बढ़ाते रहना चाहिए और काम वाली मेज पर इकट्ठा नहीं करना चाहिए।

2) मांस प्रसंस्करण के अगले चरण में फर्श और दीवारों को तेज पानी वाले पाइप से नहीं धोना चाहिए (जोसोल द्वारा संक्रमण का खतरा)

3) जो मांस के टुकड़े गलती से नीचे गिर गए हो उन्हें वातिल मेज पर या मांस प्रसंस्करण वाली मशीन में नहीं डालना चाहिए।

4) मांस, वसा या प्रसंस्कृत मांस उत्पादों वाले बर्तनों से सीधे फर्श पर नहीं रखना चाहिए बल्कि साफ सुथरे स्टैंड पर रखना चाहिए।

ग) मांस प्रसंस्करण परिसर की स्वच्छता

मांस प्रसंस्करण सुविधाओं को निम्नलिखित स्वच्छता के मानकों को पूरा करना चाहिए ताकि साफ व स्वच्छ स्थितियों को पूरा कर सके –

1) व्यक्तिगत तौर पर पर्याप्त कमरे जिसमें कपड़े बदलने के क्षेत्र सम्मिलित हो व निजी स्वच्छता हो, जैसे कमरे होने चाहिए।

2) खिड़कियों उपयुक्त ऊंचाई पर होनी चाहिए ताकि फर्श व दीवारों की सफाई अच्छी प्रकार से हो सके। प्रसंस्करण प्लाट में खिड़की के सबसे निचले भाग की फर्श को स्तर से ऊंचाई कम से कम 2 एम होनी चाहिए। खिड़कियों के फ्रेम जांच न लगने वाले पदार्थ के होने चाहिए जैसे –एल्यूमिनीयम या इसी तरह के पदार्थ और उन पर पेंट नहीं होनी चाहिए।

3) सभीकमरो की दीवारे जिसमें मांस व सह–उत्पादों को समाया जाता है, चिकनी व आसानी से धोए जा सकने वाली होनी चाहिए और कम से कम 2 एम (मीटर) की इकाई पर होनी चाहिए। दीवारे लाइनों से ढकी होनी चाहिए या उस पर पेंट होना चाहिए।

4) सभी क्षेत्रों का फर्श पानी हमेशा होना चाहिए या उस पर पेंट होना चाहिए। परन्तु कर्मचारियों की सुरक्षा के लिए इतना फिसलन वाली भी नहीं होना चाहिए। ये मुख्य रूप से वसारोधक ककरीट के बने होते है। इपोन्सी या नीरेसिक पदार्थों की अतिरिक्त परत भी लगा सकते है।

5) अच्छी सफाई के लिए फर्श और दीवार के बीच की जगह गोल होनी चाहिए (आयताकार नहीं) जिसे फर्श कंकरीट को लगभग 1–5 सेमी दीवार के साथ बढ़ाकर प्राप्त किया जा सकता है। यदि दीवार के साथ कंकरीट की परत अर्थात मोटी (1–2 सेमी) है तो यह दीवार को परिवहन साधनों से होने नुकसानों से बचाती है, जैसे कि ट्रोली कोई लिए आदि। फर्श और दीवार के बीच की जगह में विशेष मुड़ी हुई टाईल भी लगाई जा सकती है।

6) सभी गीले कमरों में पानी की निकासी का प्रबंध होना चाहिए जो जंगरहित मैटल परत या ग्रीट से ढका होना चाहिए। इसका ढक्कन आसानी से हटाया जा सकने वाला होना चाहिए ताकि नालियों की अच्छी तरह सफाई हो सके। नालियों में सिंक साइफन की तरह होने चाहिए (दुर्गंध रहित)

7) हाथ धोने वाली जगह से पानी के किलने का उचित रास्ता होना चाहिए। ठंडे भाप वाले कमरे, औजार जीवाणुरोधक वाले से भी पानी निकालने के लिए उचित पर्याप्त होने चाहिए जो सीधे मुख्य ड्रेन में फर्श को बिना प्रदूषित किए जाते हो।

8) मांस प्रसंस्करण वाले कमरे हवादार होने चाहिए। वातावरण अनुकूलता केवल मांस कटावन या अस्थिहरण कमरों में आवश्य होनी चाहिए (1-12 डिग्री सेलसियास)

9) विद्युत की आपूत व पाइपों में गर्म व ठण्डे पानी तथा संपीड़ित स्तंभ की आपूत सफाई के दौरान बाधित नहीं होनी चाहिए, और धूल प्रदूषण से दूर होनी चाहिए। गर्म पानी के पाइपों की परत चिकनी व आसानी से धुलने वाली होनी चाहिए।

10) वेटिलेशन के लिए छोड़ी गई जगह पक्षियों और कीट-पंतगों के लिए वाधक होनी चाहिए।

घ) मांस प्रसंस्करण वाले औजारों की स्वच्छता :

मांस उद्योग में उत्पादन लाइन में ऐसे औजार और हाथ वाले औजार प्रयोग करने चाहिए जो कर्मचारियों को उसानी से काम करने में सहायक हो। यह मांस प्लांट प्रबंधन की जिम्मेदारी है कि वह सभी काम वाली जगह पर पर्याप्त वातावरण उपलब्ध कराए। उपकरण बनाने के लिए मांस प्रसंस्करणों के औजारों के रूपरेखा के अनुसार दिशा-निर्देश निर्धारित किए जाते है।

डिजाईन इस प्रकार का होना चाहिए ताकि आसानी से सफाई हो सके और जैविक पदार्थों को इकट्ठा / जमा होने से रोका जा सके। आधुनिक मांस उद्योग में मांस के संपर्क में आने वाले औजार व सतह स्टेनलैस स्टील या कृत्रिम पदार्थ के बने होने चाहिए। स्टेनलैस स्टीक को काम करने वाली मेज, मांस ढक, चाकू के ब्लेड, कुल्हाड़ी आदि में प्रयोग किया जाना चाहिए। मशीनरी के वे भाग लो मांस, वसा सोसेज मिश्रण और अन्य घटकों के संपर्क वाले जैसे मीट कटर, ग्राइंडर, मिक्सर, इमल्लीकाइट, सोसेज स्लाट, ब्राउन इन्जेक्टर आदि स्टेनलैस स्टील के होने चाहिए। बाऊल कटर के सामान भी आजकल स्टेनलैस स्टील के बने होते है। स्टेनलैस स्टील के सभी भाग चिकने और सफाई के लिए पहुंच वाले होने चाहिए। इनमें कोई छिपी हुई जगह नहीं होनी चाहिए जिसमें मांस के टुकड़े फंस सके।

गैल्बेनएज्ड स्टील या खाद्य स्तर का एल्यूमीनियम मांस उद्योग के लिए उपयुक्त है क्योंकि ये जंगरधी है। हालांकि ये पदार्थ मांस के सीधे सम्पर्क में नहीं होने चाहिए क्योंकि ये मांस में अवांछित पदार्थ छोड़ सकते है। परंतु ऊपरी रेत और सहायक संरचना काम वाले प्लेटफार्म और मेज वा मशीनरी फ्रेम के लिए ये पदार्थ उपयुक्त है। खाद्य स्तर के कृत्रिम पदार्थों को कई प्रकार के मांस कंटेनर या पात्र, चाकुओं के हत्थे और दूसरे औजार काटने वाला और

वॉशर, बाल्व आदि बनाने के लिए प्रयोग किया जाता है।

सारांश में यह कहा जा सकता है कि अच्छी स्वच्छता प्रायोगिकों के लिए मांस उद्योग प्रसंस्करण में प्रवंधन व स्टाफ दोनों की जरूरत होती है। प्लाट प्रबंधन का यह कर्तव्य है कि वह अच्छी गुणवत्ता वाले परिसर व उपकरणों में इन्वैस्टमेंट करो तथा अनवरत प्लाट व उपकरण रख–रखाव में भी ध्यान दें। मांस प्लांट के स्टाफ के लिए मांस प्रसंस्करण शिराओं के दौरान स्वच्छता के नियमों को मानने के लिए बाध्य होना चाहिए। ऐसे प्रयासों में आकृषत करने वाले मांस उत्पादों के अच्छे संग्रहण में मदद मिलती है और उनकी गंध व स्वाद भी अच्छा बनता है।

अध्याय - 16
सुरक्षा मानक व औद्योगिक कानून

गुणवत्ता का मतलब होता है कि उत्पाद की वे सभी कुल विशेषताए या सेवाएं जो पर्याप्त या वांछनीय जरुरतों को पुरा करती है। बढ़ती हुई कानूनी जरूरतों की मांस को पूरा करना मांस उद्योग के लिए एक बड़ा काम है। मांस का सुरक्षित उत्पादन मांस व्यापार संचालक की एक आधारभूत कानूनी कार्यवाही है और सक्षम प्राधिकरण द्वारा इसका नियंत्रण मुख्य कर्तव्य है ताकि नियमों को लागू किया जा सके। खाद्य सुरक्षा व मानक एक्ट 26 इस बात पर जोर देता है कि प्रत्येक खाद्य व्यापार संचालक का स्वच्छ खाद्य क्रियाओं को लागू करके सुरक्षित भोजन पैदा करना कर्तव्य है और एचएसीसीपी नियमों को लागू करना भी प्रबंधन का कर्तव्य है। संचालकों से यह उम्मीद की जाती है कि वे अच्छी स्वच्छ प्रैक्टिस और सुरक्षित भोजन प्रबंधन क्रियाओं द्वारा खाद्य सुरक्षा से जुड़े खतरों सुविधा पोषण तथा दिखावट को नियंत्रित करे।

बढ़ती हुई कानूनी जरूरतों की मांस को पूरा करना मांस उद्योग के लिए एक बड़ा काम है। मांस का सुरक्षित उत्पादन मांस व्यापार संचालक की एक आधारभूत कानूनी कार्यवाही है और सक्षम प्राधिकरण द्वारा इसका नियंत्रण मुख्य कर्तव्य है ताकि नियमों को लागू किया जा सके। खाद्य सुरक्षा व मानक एक्ट 26 इस बात पर जोर देता है कि प्रत्येक खाद्य व्यापार संचालक का स्वच्छ खाद्य क्रियाओं को लागू करके सुरक्षित भोजन पैदा करना कर्तव्य है और एचएसीसीपी नियमों को लागू करना भी प्रबंधन का कर्तव्य है। संचालकों से यह उम्मीद की जाती है कि वे अच्छी स्वच्छ प्रैक्टिस और सुरक्षित भोजन प्रबंधन क्रियाओं द्वारा खाद्य सुरक्षा से जुड़े खतरों को नियंत्रित करे। इन प्रक्रियाओं में स्टॉक के लिए पर्याप्त प्रशिक्षण व निर्देश, कार्यवाही निर्देश, सामान्य काम में बाधा होने पर क्या करना चाहिए जैसे कि अचानक गिरना, टूटना या प्रदूषण घटना, समय-समय पर जांच करना कि स्टॉक अच्छी तरह से दिशा-निर्देशों का पालन कर रहा है या नहीं। और यदि सुरक्षित खाद्य प्रबंधन प्रणाली सफल हो जाती है तो ठीक करने वाले कार्यों को प्रयोग में लाना। जिसमें किसी प्रदूषित उत्पाद को संभावना भी शामिल होता है। असफलता के कारणों का पता लगाना, भविष्य में ऐसी घटना को दोहराने से रोकना और यह सुनिश्चित करना कि कंपनी कानूनी नियमों का ठीक से पालन कर रही है या नहीं। यह लेख पाठक के लिए एफएसएसएजे एक्ट 26 के बारे में एक उत्तम विचार संगठित करता है और आधारभूत गुणवत्ता को खाद्य उद्योग विशेष रूप से मांस उद्योग के लिए लागू करवाता है।

गुणवत्ता - इसका क्या तात्पर्य है?

गुणवत्ता नियंत्रण को अमेरीकन सोसाईटी (एएसओए, 1987) के अनुसार किसी भी वस्तु या सेवा के गुणों और विशेषताओं का योग जो अन्तूनहित आवश्यकताओं को पूरा करने की योग्यता रखता है। गुणवत्ता शब्द औद्योगिक कर्मा, उत्पादों और सेवाओं में कठोर मानतों को लागू करने के लिए अपनाया गया है। उपभोक्ताओं के लिए गुणवत्ता उन वस्तुओं के लिए लागू होती है जो पैसा ही दर्शाती है, जैसा विक्रेता द्वारा वहा गया हो और उन सेवाओं के लिए जो विश्वसनीय हो। मांस उद्योग के लिए, गुणवत्ता के प्रभावित किया जा सकता है यदि वह विशेष उत्पाद जैसे खाद्य सुरक्षा, सुविधा, पोषण आदि से सम्बन्धित उपभोक्ता की उम्मीदों को पूरा करती हो।

यह बहुत महत्वपूर्ण है कि आधुनिक मांस उद्योग कंपनियां गुणवत्ता मानकों को विशिष्ट उपभोक्ता जिन्हें वे सेवाएं देती है, के लिए परिभाषित करती है। उपभोक्ता उपलब्धता से ज्यादा मांग करते है। सामान्य तौर पर उपभोक्ता उन कंपनियों के उत्पादों और सेवाओं के चाहते हैं जो गुणवत्ता मानकों को कठोरता से पालन करती हो। लाभ पाने के लिए, मांस प्रसंस्करण कर्ताओं को गुणवत्ता सुधार और एक जैसे उत्पाद बनने के लिए तैयार रहना चाहिए। यदि ये उद्योग उपभोक्ता के विश्वास जो जीतना चाहती है और लम्बे समय तक पालन लाभ पाना चाहती है तो उन्हें गुणवत्ता को उच्च प्राथमिकता देना जरूरी है।

क) भारत की खाद्य सुरक्षा मानक प्राधिकरण

केन्द्र सरकार ने सुरक्षित और पूर्ण भोजन (मानक ग्रहण के लिए) और इससे जुड़े मामलों को उपलब्ध करने के लिए खाद्य सुरक्षा और मानक प्राधिकरण स्थापित किया है। इनका मुख्य कर्तव्य नई दिल्ली में है और यह खाद्य सुरक्षा मानक एक्ट, 26 लागू करने के लिए जिम्मेदार है। यह एक्ट खाद्य पदार्थों के सम्बन्धित कानूनों को समेकित करता है और खाद्य सुरक्षा व मानक प्राधिकरण को स्थापित करना खाद्य पदार्थों के लिए विज्ञान आधारित मानक निर्धारित करना, और खाद्य पदार्थों के निर्माण, संग्रहण, वितरण, बेचना, खरदीना और मानव ग्रह के लिए सुरक्षित और पूर्ण भोजन उपलब्ध कराना आदि।

एफएसएसए की मुख्य विशेषताएं :

यह एक्ट खाद्य पदार्थों से सम्बन्धित कानूनों को समेकित करता और खाद्य सुरक्षा मानक प्राधिकरण को स्थापित करना खाद्य पदार्थों के लिए विज्ञान आधारित मानक निर्धारित करना,

खाद्य पदार्थों के निर्माण, संग्रहण, वितरण, बेचना, खरीदना और मानव ग्रहण के लिए सुरक्षित और पूर्ण भोजन उपलब्ध कराना आदि।

एफएसएसए, 2006 की मुख्य विशेषताएं इस प्रकार है :

1. एकाधिक स्तर और विभागों के नियंत्रण को एक लाइन में लेकर आना।
2. खाद्य सुरक्षा व मानक व नियमों से सम्बन्धित सभी मामलों के लिए एफएसएसएआई एक्ट संदर्भ है।
3. सामरिक मामलों जैसे उत्तम व स्वस्थ भोजन, न्यूट्राक्यूटिक्लय, वंशानुगत परिवृतत भोजन, अन्तर्राष्ट्रीय बनकर आदि को एकीकृत जवाबदेही।
4. खाद्य उत्पादों के लाइसेंस का विकेन्द्रीकरण।
5. भोजन की गुणवत्ता और सुरक्षा में उपभोक्ता के विश्वास को उच्च बनाना।
6. प्रभावित, पारदर्शी और उत्तरदायी नियंत्रित ढांचा बनाना जिसमें कोई भी उद्योग बढ़िया तरीका से काम कर सके।
7. निवेशक मैत्रीपूर्ण नियंत्रित प्रणाली बनाना जिसमें स्वयं नियंत्रण और क्षमता बनाने पर जोर दिया गया है।
8. धीरे-धीरे नियंत्रित शासन से स्वयं अनुपालन को बढ़ावा देना।
9. घरेलू और अन्तर्राष्ट्रीय खाद्य नीति परिभागों में संगति बनाए रखना बिना जन स्वास्थ्य और उपभोक्ता के हितों को प्रभावित किए।
10. पर्याप्त सूचना का प्रसार करके उपभोक्ता को सही सूचना के चुनने में सक्षम बनाना।
11. अपराध के आधार पर सजा को निर्धारित करना।
12. सरकार, औद्योगिक, संस्थानओं, उपभोक्ताओं, किसानों, तकनीकी विशेषज्ञ, विक्रेताओं के प्रस्तुत करना।
13. राज्य एवं केन्द्रशासित सरकार द्वारा खाद्य सुरक्षा के लिए राज्य कमिशनर, इसके अधिकारी और पंचायती राय सदस्यों के जरिए कानून लागू करना।

इस एक्ट में खाद्य पदार्थों में मिलावट के एक्ट 1954 के भी मुख्य अंश शामिल है और यह अन्तर्राष्ट्रीय कानूनों पर आधारित है। सारांश में, यह एक्ट अन्तर्राष्ट्रीय प्रैक्टिस का देखभाल करता है और इसमें एक ऐसे नीतिगत ढांचे की परिकल्पना की गई है इसे उन लोगों के काम को नियंत्रण करना जो निर्माण, बाजारीकरण, प्रसंस्करण, समन्वय, परिवहन, भोजन के

खीरदने व बेचने के काम में लगे हो। यह एक्ट समकालीन, व्यापक और खाद्य सुरक्षा प्रबंधन द्वारा बढ़िया उपभोक्ता रक्षक है। यह एक्ट विज्ञान और पारिदृशता पर आधारित मानकों को निर्धारण करता है जो भारतीय खाद्य व्यापार एवं उद्योग और अन्तर्राष्ट्रीय व्यापार की जरूरतों को पूरा करता है। एफएसएस एक्ट 26, खाद्य सुरक्षा व मानकों, नियंत्रण और लागूपन के संदर्भ में एकल प्वांइट है। यह प्रभावी, पारदर्शी और निवेशकों का उत्तरादायी नियंत्रित ढांचा प्रस्तुत करता है जो स्वयं नियंत्रण और सक्षमता बनाने पर जोर देता है।

उपभोक्ता के लिए सुरक्षित और उत्तम भोजन उपलब्ध कराने के लिए खाद्य व्यापार संगठन की प्रमुख जिम्मेदारी है। इस एक्ट में उपभोक्ताओं को मजबूत बना दिया है जिससे कि उपभोक्ता विसरित सूचनाओं के चुनाव करने में ज्यादा सक्षम हुआ है और इसने खाद्य सुरक्षा व गुणवत्ता मामले में उपभोक्ताओं विश्वास जीता है। स्थानीय पंचायत और नगर पालिका भी इस एक्ट को लागू करने में लगी है और खाद्य सुरक्षा के तथ्य को जड़ स्तर तक फैलने में मददगार है। खाद्य नियंत्रण बहुत जरूरी है और ये प्रसंस्करणकर्ता के साथ होने चाहिए और खाद्य सुरक्षा नियंत्रक प्रबंधन और प्राधिकरण द्वारा कठोरता से लागू किया जाने चाहिए क्योंकि इनका विरोध करने पर सजा का प्रावधान है।

एफएसएस एक्ट 26 के अभिलेख 31 (नियम 29) के अनुसार यह लाइसेङ्क्नग और पंजीकरण के कानून निर्धारित करता है जो किसी भी खाद्य व्यापार के लिए जरूरी होते है। कोई भी आदमी जो खाद्य पदार्थ से सम्बन्धित व्यापार करना चाहता है उसे अधिकारी के फीस के साथ लाइसेंस के लिए आवेदन देना होता है। कोई भी खाद्य व्यापार करने के लिए लाइसेंस प्राप्त करने का प्रावधान छोटे विक्रेताओं, हॉकर, वैन्डर और दूसरे छोटे स्तर के विक्रेताओं पर लागू नहीं होता। परंतु उन्हें अपने आपको पंजीकरण प्राधिकरण के साथ पंजीकृत कराना होता है। लाइसेङ्क्नग प्रक्रियाएं एफएसएस एक्ट 25 के अन्तर्गत किया गया है, जो खाद्य सुरक्षा एवं मानक प्राधिकरण द्वारा लागू किया जाता है। राज्यों में यह खाद्य सुरक्षा कमिशनर द्वारा लागू किया जाता है। खाद्य मानकों में एकरूपता लाने के लिए सामान्य आवेदन फॉर्म व प्रक्रियाएं लाई जाती है। एक्ट के अनुसार, पंजीकरण और लाइसेङ्क्नग के बीच एक अन्तर होना चाहिए। पंजीकरण व लाइसैङ्क्सग के लिए सीमाएं निर्धारित करनी चाहिए। खाद्य अभिक्षेत्र जो भारत सरकार के अन्तर्गत है उन्हें परिभाषित किया जाना चाहिए। इसके अतिरिक्त, जो क्षेत्र खाद्य संक्रमण और खतरों के लिए संभावित होते है उन्हें केन्द्रीय लाइसेङ्क्सग के अन्तर्गत लाया जाना चाहिए। इसके अन्तर्गत भारत सरकार के सानिध्य खाद्य

सेवाओं की स्थापना और अन्तर्राष्ट्रीय ऑपरेशन बड़े खाद्य व्यापार आते है। खाद्य से जुड़े खतरों की संभावना को कम करने के लिए सुरक्षा और स्वस्थ परिस्थितियों का पंजीकरण कराना आवश्यक होता है।

ख. पूर्ण गुणवत्ता प्रबंधन (टीक्यूएम)

पूर्ण गुणवत्ता प्रबंध को इस प्रकार परिभाषित किया जाता है कि वैश्विक स्तर पर सभी कर्मचारियों को योगदान द्वारा सभी प्रक्रियाओं, उत्पादों और सेवाओं की गुणवत्ता सुधार का प्रयास जो उपभोक्ताओं को संतुष्ट करता है और निष्ठा और व्यापार को सुधारना हो। पूर्ण गुणवत्ता प्रबंधन का परिणाम यह है कि कम्पनी के चीफे और सेवाएं भेजती है जो आूथक रूप से लाभकारी, प्रतियोगितावादी और एकरूप गुणवत्ता की हो। टीक्यूएम पहुंच कम्पनी से एक विकसित विचारधारा चाहती है जिसमें सभी स्तर और कम्पनी के सभी कार्य आते हो जिनका मुख्य उद्देश्य उपभोक्ताओं को संतुष्ट करना होता है। पूर्ण गुणवत्ता प्रबंधन में सम्मिलित प्रत्येक आदमी की गुणवत्ता के नजरिए से अलग विचारधारा होती है। परिणामस्वरूप संस्कृति में एक बहुत बड़ा व स्थायीतंत्र बदलाव आता है जो कम्पनी प्रबंधन को गुणवत्ता सुधार की ओर अग्रसर करता है।

क्योंकि पूर्ण गुणवत्ता प्रबंधन विचारधारा, कई मानकों में वर्तमान और पीछे के प्रबंधन कार्यों से अलग है, इसलिए प्रबंधन को इसे अपनाने के लिए एक दार्शनिक बदलाव के अन्तर्गत जाना होगा। उदाहरण के लिए एख कम्पनी पूर्ण गुणवत्ता प्रबंधन के साथ सबसे कम निविदा के आधार पर सप्लयार्स को इनाम नहीं देती है। अपितु एक लम्बे समय तक रहने वाला परस्पर सहायक संबंध विकसित करती है यह विश्वास दिलाने के लिए कि साप्लायर्स अनुबद्ध गुणवत्ता देते है। कम्पनी अपने उत्पादों और सेवाओं में गुणवत्ता लाने के लिए टीमवर्क का प्रयोग करती है और अपनी सेवाओं को सुधारने के लिए अपने सप्लायर्स और उपभोक्ताओं पर निर्भर करती है। और भी, प्रबंध केवल लाभ के आधार पर और कर्मचारी के बल उत्पादन के आधार पर जांचे नहीं जाते है बल्कि उत्पादन से ऊपर गुणवत्ता पर ज्यादा जोर दिया जाता है। उत्पाद गुणवत्ता विभिन्नताओं जांचने के लिए ताूकक नियंत्रण प्रक्रियाओं को प्रयोग किया जाएगा ताकि लगातार गुणवत्ता में सुधार को जांचा जा सके। सभी स्तरों पर कर्मचारियों को प्रशिक्षित करना होगा ताकि वे खुद समस्याओं को ठीक कर सके और उनके काम में आने वाली बाधाओं को दूर कर सके।

पूर्ण गुणवत्ता प्रबंधन को लागू करने के चरण :

5 चरण इस प्रकार है – 1. तैयार 2. भोजन बनाना, 3. जांचना 4. लागू करना 5. विविधीकरण। शुरू के चरण, तैयारी करना, एक विशेष चरण है जो एक बेहतर शुरुआत और अंत देता है। दूसरे चरण समयानुसार विकसित होते है। तीसरी चरण में, कम्पनी के मुख्य अधिकारी व्यवहारिक सहायक के साथ, एक अवलोकन तैयार किया जाता है। लक्ष्य निर्धारण और नीति तैयार की जाती है जो कम्पनी की योजना को सहायता प्रदान करती है। तैयारी चरण उन को लाता है जो पूर्ण गुणवत्ता प्रबंधन को लागू करने के लिए जरूरी हो।

योजना किसी भी संस्था में बदलाव के लिए आधार बनाती है। इस चरण में योजना विकसित होती है और स्त्रोत विशेष उद्देश्यों के लिए निर्धारित किए जाते है।

मूल्यांकन चरण में सूचनाओं का तैयारी, योजना, लागू करना व विविधकरण आदि चरणों के लिए आदान–प्रदान होता है। उसमें सर्वे, जांच, प्रश्न समूह और साक्षात्कार कम्पनी के सभी स्तरों पर आते है। लागू चरण में प्रबंधकों और कर्मचारियों का प्रशिक्षण आता है ताकि प्रक्रियाओं में सुधार या कोई सकारात्मक बदलाव लाया जा सके। अन्ततः विविधता को प्राथमिक चरणों के पूर्ण संकट होने पर दर्शाया जाता है। यदि पूर्ण गुणवत्ता प्रबंधन का संस्था पर सकारात्मक प्रभाव है, तो दूसरे विभागों, साप्लायर्स और कम्पनी को मिलने का प्रयास किया जाता है। विविधता चरण में कम्पनी को इससे अच्छे साप्लायर्स का चुनाव करना चाहिए। एक लंबे समय तक विकसित होने वाले उद्देश्य के और पारंपरिक सहयोग के सम्बन्ध के साथ व कम संख्या वाले पूतकर्ता के साथ विधिगत चरण को आगे बढ़ाया जाता है।

पूर्ण गुणवत्ता प्रबंधन का कार्यक्रम बनाने के लिए समय, प्रशिक्षण, स्त्रोत और फाइन तालमेल की जरूरत होती है। सफल पूर्ण गुणवत्ता प्रबंधन धैर्य और प्रतिबत्ता की जरूरत होती है। इसके कुछ फायदे इस प्रकार है – एक जैसे उत्पाद और सेवाएं, उत्पादों का अनवरत प्रवाह, इन्वंटकी कटौती, कम कीमत के साथ अधिक दक्षता और गुणवत्ता विशेषताओं पर साप्लायर्स के साथ अधिक समय लगाना। परिणामस्वरूप अच्छे साप्लायर्स कम्पनी के सम्बन्ध विकसित होंगे क्योंकि कंपनी साप्लायर्स को विक्रेता की बजाय एक सहभागी की तरह मानती है।

ग. एचएसीसीपी प्रणाली

एसएसीसीपी प्रणाली खाद्य प्रक्रिया के प्रत्येक चरण को निमंत्रण करती है और इसे एक गुणवत्ता जांच प्रणाली की बजाय एक बचाव प्रणाली के रूप में विकसित किया गया है। परिणामस्वरूप एचएसीसीपी प्रणाली को सुरक्षित खाद्य प्रसंस्करण के लिए शून्य दोष के

रूप में समर्थन प्राप्त हुआ है। एचएसीसीपी को मुख्य रूप से इस प्रकार परिभाषित किया जाता है कि खाद्य सुरक्षा के लिए सात सिद्धांतों का समूह। ये इस प्रकार है – 1. खतरे का विश्लेषण और जोखिम का मूल्यांकन 2. नियंत्रण ङ्कबदुओं का पता लगाना 3. महत्वपूर्ण नियंत्रण बिंदुओं के लिए महत्वपूर्ण हदों को निर्धारित करना 4. महत्वपूर्ण हदों को जांचना व पराखना 5. महत्वपूर्ण हदों से विचलनों को ठीक करना। 6. एक प्रभावी लेख जोख बनाना 7. एचएसीसीपी कार्यक्रम ठीक काम कर रहा है या नहीं, यह जांचना।

एचएसीसीपी प्रणाली को खाद्य प्रसंस्करणों में लागू करने के लिए सभी सिद्धांतों को ध्यानपूर्वक देखना अनिवार्य है। यह पूर्ण गुणवत्ता प्रबंधन के ढांचे में अच्छे तरह समाया जा सकता है। एसएएसएसपी कार्यक्रम का उद्देश्य खाद्य उत्पादों में जुड़े खतरों (भौतिक व रासायनिक व जैविक) को कम करना होता है।

कर्मचारी के द्वारा आवश्यक जांच व ठीक करने के तीरकों को नियंत्रित किया जाता है। दूसरे शब्दों में, प्रमुख खतरों से जुड़े बिंदुओं की गुणवत्ता नियंत्रण के उत्पादन के लिए बनाया जाता है और अंतिम उत्पादों की जांच की जाती है। इस तरह पूर्ण गुणवत्ता प्रबंधन को सफल एचएसीसीपी प्रणाली को लागू करने के लिए प्रयोग किया जाता है।

टीक्यूएम और एचएसीसीपी का मेल खाद्य–प्रसंस्करण के लिए एक सम्पूर्ण प्रणाली देता है और यह खाद्य सुरक्षा, गुणवत्ता और उत्पादकता के तत्वों को मजबूत बनाता है। यह संयोजित पहुंच प्रतिबद्धता, शिक्षा, बचाव व ठीक कार्य, नियंत्रण, लेखा–जोखा, सम्पादन और टीमवर्क को बढ़ावा देगी। एक प्रभावी, रिकार्ड रख–रखाव, आंकड़ों और प्रणालियों का सत्यापन एचएसीसीपी काम को प्रभावी बनाने में मददगार होती है। एचएसीसीपी रिकार्ड में टीम के सदस्यों की जिम्मेवारी, प्रत्येक महत्वपूर्ण नियंत्रण ङ्कबदु से संबंधित खतरे, बचाव व सुधार कार्य शामिल होने चाहिए। एचएसीसीपी प्रणाली के सहीकरण को जांचने के लिए कुछ प्रक्रियाएं इस प्रकार है। 1. महत्वपूर्ण हदों का वैज्ञानिक मूल्यांकन यह विश्वास दिलाने के लिए की ये पर्याप्त है। 2. विभिन्न सेम्पल का संग्रहण व विश्लेषण 3. एचएसीसीपी प्रणाली के महत्वपूर्ण विचारों को बार–बार जांचकर प्रभाव को बढ़ाना 4. प्रणाली विचलनों का मूल्यांकन 5. एचएसीसीपी योजना का पुनर्वैधीकरण।

टीक्यूएम टीम जो एचएसीसीपी को विकसित और लागू करने के लिए जिम्मेदार हैं, उसे इस प्रकार की विभिन्नता सभी क्षेत्रों के जो खाद्य प्रसंस्करण पर मुख्य प्रभाव होती है। प्रभावी मूल्यांकन का विश्वास दिलाती है जो एचएसीसीपी योजना को विकसित और लागू करने के

लिए जिम्मेदार है। टीक्यूएम कार्यक्रम के तहत के आत्मसन्तुष्ट नहीं होना चाहिए कि इस बात में विश्वास करना चाहिए कि एक साधारण एचएसीसीपी पहुंच खाद्य सुरक्षा की सभी समस्याओं को सुलझाने में पर्याप्त है। अपितु एक एचएसीसीपी प्रणाली टीक्यूएम कार्यक्रम में एक ऐसी दार्शनिक, सांस्कृतिक और अनुशासनात्मक होनी चाहिए जो कम्पनी में जमी को सिखाती हो कि खाद्य सुरक्षा से जुड़ी सभी गंभीर समस्याओं को आसानी से सुलझाया जा सकता है।

टीक्यूएम मांस प्रसंस्करण प्रणाली में एचएसीसीपी को लागू करना

जबकि एचएसीसीपी मुख्य रूप से खाद्य सुरक्षा पर केन्द्रित होता है, परंतु एचएसीसीपी सिद्धान्तों को लागू करना दोनों खाद्य सुरक्षा व गुणवत्ता को निगरानी भी इसका काम है। महत्वपूर्ण नियंत्रण बिंदुओं के अतिसित आवश्यक गुणवत्ता नियंत्रण ङ्बदुओं को बनाया और इसी तरह लागू किया जा सकता है।

इस प्रकार एचएसीसीपी प्रणाली में जिस तरह सीसीपीएस का प्रयोग किया जाता है उसी तरह टीक्यूएम प्रोग्राम में क्यूसीपीए का प्रयोग किया जा सकता है। सीसीपीएस और क्यूसीपीएस दोनों की निगरानी टीक्यूएम कार्यक्रम के लिए जरूरी है। यह बहुत महत्वपूर्ण है कि एचएसीसीपी मुख्य रूप से खाद्य सुरक्षा की ओर केन्द्रित होना चाहिए। इसलिए सीएसीसीपी प्रणाली की प्राथमिकता सीसीपीएस होनी चाहिए जबकि क्यूसीपी एक अलग लेकिन क्यूसीएम प्रोगाम का मुख्य भाग होना चाहिए।

टीक्यूएम क्रियान्वयन के जांच चरण एचएसीसीपी को स्थापित करने के लिए एक मार्गदर्शक की तरह काम करते है। एचएसीसीपी खाद्य प्रसंस्करण प्रणाली के लिए एक कार्नर स्टोन होना चाहिए और कम्पनी की गुणवत्ता विश्वसनीय कार्यक्रम का मुख्य भाग होना चाहिए। एक एचएसीसीपी प्रणाली तैयार करने के लिए कम्पनी को अपने उद्देश्य बनाने चाहिए, कीमतों का पता होना चाहिए, और प्रबंधन सहायता को लेना चाहिए। एक एचएसीसीपी टीम बनानी चाहिए और उसमें ऐसे आदमी होने चाहिए जिन्हें खाद्या उत्पाद व प्रणाली के बारे में जानकारी हो। योजना चरण में, टीम खाद्य प्रणाली को व्यापाकि व वूणत करती है, खाद्य उत्पाद का प्रयोग को पहचानती है और एक चित्र रेखा बनाती है जो खाद्य प्रणाली को परिभाषित करता है। पलो चित्र खाद्य प्रणाली के लिए सम्पादित होना चाहिए। इसके अतिरिक्त खतरे का विश्लेषण भी करना होगा ताकि खाद्य प्रणाली में विशेष खाद्यों का पता लगाया जा सके और इनको नियंत्रित करने के लिए कौन से बचाव कार्यों की जरूरत होगी।

जब एचएसीसीपी प्रणाली को टीम विश्वसनीय होती है कि यह पूरी तरह ठीक है तो यह लागू करने के लिए तैयार है। एचएसीसीपी प्रणाली की विविधता यह है कि कम्पनी को खाद्य सुरक्षा को मजबूत बनाने के लिए वस्तु सप्लासर्य की मदद की जरूरत होती है। प्रत्येक सप्लायर्स से दी गई गारंटी यह निर्देशित करती है कि उनके द्वारा भेजी गए पदार्थ व चीजें एचएसीसीपी कार्यक्रम को प्रभावी रूप से लागू करने के लिए कुछ टीक्यूएम तत्वों को भी देखना चाहिए। वे है – 1. प्रबंधन व कर्मचारियों का प्रशिक्षण 2. ऑपरेटर नियंत्रण 3. टीमवर्क 4. प्रभावी रूप से प्रबंधन व कर्मचारियों में तालमेल 5. उद्देश्य की अनवरता प्रबंधन के द्वारा।

घ. आईएसओ 9000

आईएसओ 9 के मानक सभी प्रकार के उद्योगों के लिए लागू है और खाद्य प्रसंस्करण इसके अलग नहीं है। मांस प्रसंस्करण कम्पनियों में आईएसओ 9 मानकों को अपनाना व्यापार को बढ़ावा। बाहरी गुणवत्ता प्रणाली के आत्मविश्वास में बढ़ावा देता है उत्पाद प्रभावीकरण के लिए प्रक्रियाएं निर्धारण करता है। अब तक केवल कुछ ही भारतीय खाद्य प्रसंस्करण कम्पनियों में ही आईएसओ 9 पंजीकरण के लि प्रसाय किया है। जबकि बहुत से कारक अब इन मानकों में रूचि बढ़ा रहे है। ये है – 1. आईएसओ 9 मानकों को गुणवत्ता प्रणाली मानकों के रूप में अपनाना 2. यह अनुमुति कि भविष्य में विदेशी बाजार में व्यापार के लिए आईएसओ 9 मानकों की जरूरत होगी 3. किसी भी उत्पाद प्रमाणीकरण के लिए नियंत्रण ऐंजसियों की आईएसओ पंजीकरण की जरूरत होगी।

आईएसओ 9 सीरीज में 5 मानक आते हैं। 3 मानक गुणवत्ता प्रबंधन प्रणाली के लिए मॉडल देते हैं। बचे हुए 2 मानक गुणवत्ता प्रणाली के लिए निर्देशन का काम करते हैं।

5 मानक इस प्रकार है –

आईएसओ 9 : प्रबंधन और गुणवत्ता विश्वास के मानकृचुनाव व प्रयोग के निर्देशन

आईएसओ 91 : गुणवत्ता प्रणाली – डिजाईन व विकास, उत्पादन लागू और सेवा में गुणवत्ता विश्वास के लिए मॉडल

आईएसओ 92 : गुणवत्ता प्रणालियां – अंतिम जांच और टेस्ट में गुणवत्ता विश्वास के लिए मॉडल

आईएसओ 93 : गुणवत्ता प्रणालियां – अंतिम चांज और टेस्ट में गुणवत्ता विश्वास के लिए मॉडल।

आईएसओ 94 : गुणवत्ता प्रबंधन और गुणवत्ता प्रणाली तत्व - निर्देशन

आईएसओ 91 : उन कम्पनियों के लिए बनाया गया है जो अपने ग्राहक के डिजाइन, विकास, उत्पादन, लागूपन और सेवा के लिए विश्वास पैदा करती है।

आईएसओ 92 : मानक निर्माताओं के लिए बनी है। इस मानक की अनुकूलता यह दिखाती है कि कम्पनी लगातार उत्पाद के डिजाइन और विशेषताओं को पूरा करने के लिए प्रयासरत है।

आईएसओ 93 : उन्हीं कम्पनियों पर लागू होता है जो अपने उत्पादों की जांच करने की योग्यता रखती हो। आईएसओ 94 के कुछ तथ्य सेवा संगठनों में गुणवत्ता प्रणालियों को स्थापित करने के लिए लागू होते है।

आईएसओ 9 मानकों को टीक्यूएम कार्यक्रम को पूरा बनाने के लिए कम से कम गुणवत्ता प्रणाली जरूतों के रूप में देखना चाहिए। दूसरे रूप में, सभी उद्योगों और सेवा समूहों के लिए इन मानकों को कम से कम गुणवत्ता प्रणाली जरूरतों के डीलोमीनेटर के रूप में माना जा सकता है। इसीलिए टीक्यूएम और एचएसीसीपी, विशेष तकनीकी और प्रतियोगी तत्वों को लागू करने के संदर्भ में आईएसओ 9 से परे है या परे रखना चाहिए।

ङ. अच्छी निर्माण प्रैक्टिस और अच्छी स्वास्थ्य प्रैक्टिस (जीएमपीएस एवं जीएचपीएस)

वर्तमान खाद्य सुरक्षा प्रबंधन प्रणाली अच्छी निर्माण प्रैक्टिस और अच्छी स्वस्थ प्रैक्टिस जैसी प्राथमिक क्रियाओं पर आधारित होती है। अच्छी निर्माण प्रैक्टिस जरूरती नियम व योजनाओं के लिए आधार देती है। जीएमपीएस इस बात का विश्वास दिलाने के लिए बनाई जाती है कि भोजन स्वच्छ परिस्थितियों से बनाया जाता है और जैविक, रासायनिक और भौतिक खतरों से बचाया जाता है। पूरे निर्माण प्रक्रिया में ये नियंत्रण कारक है और न कि प्रयोग की गई प्रक्रियाएं। इसमें प्रोगाम आते है - सुविधाओं, औजार, बर्तन, पैस्ट नियंत्रण, लेना व संग्रहण, प्रक्रिया नियंत्रण, उत्पाद और निजी प्रशिक्षण आदि। टीक्यूएम और एचएसीसीपी योजना विकसित और लागू करने से पहले एक कम्पनी को अपने वर्तमान कार्यक्रमों को देखना होगा ताकि यह पता लगाया जा सके कि सभी जीएमपीएस प्रणाली रूप से कार्यरत हो या नहीं।

जीएमपीएस किसी भी फार्म के नीति कार्यक्रम की तरह है और इसे लिखित कार्यक्रम की

जरूरत होती है, उचित प्रशिक्षण कार्यक्रम और रख-रखाव एवं प्रबंधन प्रतिबद्धता भी इसके अभिन्न अंग है। लिखित कार्यक्रम जीएमपीएस के सभी क्षेत्रों पर लागू होते है। इसमें कौन, क्या, कहां, कब, क्यों और कैसे कार्य व क्रियाएं आती है। लिखित कार्यक्रमों जीएमपीएस के अवसर, व्यक्तिगत जिम्मेदारियां, परिमाण, निगरानी क्रियाएं व अभिलेख, सुधार कार्य और सदयापन क्रियाएं आती हैं। कार्यक्रम कम्पनी के विभिन्न क्षेत्रों के टीम सदस्यों द्वारा लिखा जाता है जो तकनीकी और कार्यगत रूप से सक्षम होते है।

जीएमपी कार्यक्रम में साफ-सफाई और स्वच्छता को उनके निम्न क्षेत्रों में बांटा जाता है जिन्हें जीएसपीएस कहते है। वे कार्य जो साफ वातावरण बनाने में, मांस को संचालन संग्रहण करने में आते है, वे सुमेलित है। दूसरे शब्दों में, जीएसपीएस वे प्रैक्टिस है जो सफाई और स्वच्छता को बनाने में आते है, जिसके द्वारा और काम किए जाते है। जीएचपी कार्यक्रम में प्लांट और औजारों की सफाई, स्टाक, स्वास्थ्य, खाद्य संचालन में सफाई, स्टाक की सफाई, कच्चे पदार्थों की सफाई, सभी डिटर्जेंट, सफाई वाले पदार्थ और दूसरे गैर खाद्य रसायनों को अच्छी तरह पैक किया जाता है। लेवल करके अच्छी तरह संग्रहित कर लिया जाता है। बूचडखाने की क्रियाओं के लिए अच्छी निर्माण प्रैक्टिस विकसित करने के लिए स्वच्छिक रूप से निम्नलिखित निर्देशन बनाए गए है जिसमें मांस प्लांट विशेष क्रियाओं को विकसित करने में प्रयोग है। ये जीएमपीएस विशेषताओं को नियंत्रित करने के लिए नहीं बनाए जाते अपितु ये ऐसे निर्देश देते है जो प्रसंस्करणकर्ता को सुरक्षित और पूर्ण उत्पाद बनाने में मदद करते है।

संक्षिप्त में आधुनिक औद्योगिक संसार में गुणवत्ता कम्पनी कार्यक्रमों, उत्पादों और सेवाओं में कठोर मानकों को अनुबद्ध करती है। उपभोक्ता ज्यादा मांग करने वाले है और ये ऐसी कम्पनियों के उत्पाद व सेवाएं पाना चाहते है जो प्रतिष्ठित गुणवत्ता वाली हो। परिणामस्वरूप उपभोक्ता की उम्मीदों को संतुष्ट करना विशेष उत्पाद गुणवत्ता से सम्बन्धित गुण जैसे कि खाद्य सुरक्षा, सौन्दर्यात्मक, सुविधा और पोषण भविष्य में मांस उद्योग की भी प्राथमिकता होगी। सफलतापूर्वक लागू टीक्यूएम कार्यक्रम सकारात्मक रूप से गुणवत्ता से सम्बन्धित प्रबंधन और कर्मचारी मन को बदल सकता है। प्रभावी एचएसीसीपी प्रणाली, टीम सम्बन्धित टीक्यूएम सिद्धांतों से समस्याओं को सुलझाने और समस्या से बचाने में, कर्मचारी उत्सुकता और सहयोग, प्रबंधन सहायता और शिक्षण को मजबूत बनाती है। इसलिए, एक कम्पनी एचएसीसीपी प्रणाली को मानने वाली को टीक्यूएम कार्यक्रम को भी मानना चाहिए यदि

इस तरह का कार्यक्रम पहले से उपस्थित नहीं है। वे मांस उद्योग जो अन्तर्राष्ट्रीय बाजार में हना चाहती है उन्हें जीएमपीएस और आईएसओ 9 मानकों को मानते हुए टीक्यूएम और एचएसीसीपी कार्यक्रमों को भी पैदा करने की जरूरत होती है। जबकि जीएमपीएस और आईएसओ 9 मानकों को टीक्यूएम और एचएसीसीपी कार्यक्रमों को प्रभावी बनाने के लिए आधारभूत निर्देशनों की तरह होना चाहिए।

अभ्यास -17

मांस प्रंसस्करण में प्रयोग होने वाले उपकरण

अच्छी गुणवता वाले मांस उत्पादो हेतु ज्यादा सटीकता वाले उपकरण बहुत जरुरी है। इस अध्याव में सामान्य मांस उत्पादों हेतु काम लाए जाने वाले उपकरण दिए गए है तथा उनका विवरण दिया गया है।

1. मांस ग्राइंडर/मिन्सर

मीट ग्राइंडर एक ऐसी मशीन है। जिसमें मांस या मांस के टुकड़ो को एक बरमे की मदद से दबाव के साथ क्षेतिजीय रखे सिलेंडर में धकेला जाता है। इस बैरल/सिलेडर के अन्तिम छोर पर एक कांटिग सिस्टम होता है जिसमें स्टार के आकार के चाकू होते है जो बरमे के साथ घूमते है ये एक जगह स्थिर ग्राइंडिग प्लेट के साथ भी जुड़े होते है। ग्राइंडिग प्लेटो के छिद्र सामान्य रूप से 1-13 मि.मी. के होते है। मांस की घूमते हुए बरमे की सहायता से दबाया जाता है। कंटिग सिस्टम में धकेला जाता है परंतु सामान्य तौर पर प्लेटो और चाकुओ की पूरी श्रखला प्रोयग होती है। मिंसिंग का स्तर आखरी ग्राइंडिग प्लेट के छिद्रो पर निर्भर करता है। यदि जमे हुए मांस या संयोजी उत्तको से भरपूर मांस को मींस करके छोटे टुकड़ो में एच्छिक आधार वाले डिस्क से गुजारा जाता है। 2 प्रकार के कटिंग सिस्टम उपलब्ध होते है- एन्टारप्राइज सिस्टम और अंगर सिस्टम।

1) एन्टारप्राइज सिस्टम छोटे मीट ग्राइंडर मे प्रयोग होता है जिनके छेद का व्यांस 98 मि.मी. तक हो सकता है ओर इसमें एक स्टार आकार वाला चाकू होता है और यह चाकू डिस्क और एक ग्राइंडर प्लेट की तरह से तेज होता है। छिद्र का व्यास 13 से तक हो सकता है।

2) अंगर सिस्टम इन मीट ग्राइंडर में प्रयोग होता है जिनमें छिद्र व्यास 440 मि.मी तक हो सकता है और इसमें किडनी प्लेट एक और दो स्टार चाकू होते है जो दोनो तरफ से तेज होते है और एक या ग्राइंडर प्लेट होती है। आखिरी कण का आकार 8 मि.मी से ऊंपर के लिए रखा जाता है सैटिंग इस प्रकार है-किडनी प्लेट-स्टार

चाकू - ग्राइंडर प्लेट। आखिरी कण का आकार 8 मि.मी से छोटा लेने के लिए सैटिंग इस प्रकार है-किडनी प्लेट - स्टार चाकू-ग्राइंडर प्लेट (13 मि.मी)-स्टार चाकू-ग्राइंडर प्लेट (6-1 मि.मी.)

सबसे छोटा मीट ग्राइंडर साधारण हाथ से चलेन वाला ग्राइंडर होता है। जिसमें मांस को हाथ से फीडर में भरा जाता है। इन सभी छोटा मशीनो के लिए एक स्टार चाकू और एक ग्राइंडर प्लेट बाले एन्टारप्राइजकटिंग सिस्टम का प्रोयग किया जाता है। स्वाद प्रसंस्करण में सभी जगह इन मशीनो का प्रोयग किया जाता है परंतु इनके छोटे आकार ओैर हाथ से चलने को कारण इनकी उत्पादन क्षमता सीमित होती है। मध्यम आकार के मीट ग्राइंडर को भी स्टकिंग ग्राइंडर के रुप में बनाया जा सकता है। जिनका छिद्र व्यास ९८ मि.मी. तक हो सकता है। यह एकल फेज वाली विद्युत मीटर (250 वोल्ट) से चलाया जाता है और यह मेज व कर्ण दोनो मॉडल के रुप में उपलब्ध है। मांस को ट्रे में रखा जाता है और लगातार हाथ से खड़े हुए सिंलेडर छिद्र मै डाला जाता है जो बरमे की ओर जाता है। मांस या वसा को इनको वजन से घूमते हुए बरमे को साथ बैरल मे डाला जाता है। ओद्योगिक छोटे स्तर के कार्यो के लिए इस प्रकार के मीट ग्राइंडर सबसे उपयुक्त होते है।

कुछ ब्रांड एन्टारप्राइज कटिंग सिस्टम का प्रोयग करते है जबकि अन्य अंगद सिस्टम का बड़े ओद्योगिक मीट ग्राइंडर फेज वाली विद्युत मीटर (400 वोल्ट) से चलते है इनमें अंगर सिस्टम का प्रोयग होता है। इस प्रकार के ग्राइंडर का छिद्र व्यास 114-400 मि.मी. तक हो सकता है। बहुत से ओद्योगिक मीट ग्राइडर एक ऐसे यंत्र से भुम्त होते है रैडंल, कार्टिलेज और अस्थि कणो को अलग कर सकते है।

हाथ वाला ग्राइंडर

मेज मॉडल वाला ग्राइंडर

फर्श मॉडल वाला ग्राइंडर

संस्थापन /स्थापना

इस बात का ध्यान रखना चाहिए कि, ग्राइंडर को अच्छी तरह से रखा गया है। अधिकत्तर ग्राइंडर मे एडजस्ट होने वाले रबड़ के पैर होते है। इससे क्षैतिणीय स्तर बन जाता है और यह मशीन से मेज या फर्श तक कंपन को जाम होने से रोकना है। प्रायतिक विद्युत की संयोजन पॉवर आपूर्ति के साथ खाली के साथ करना चाहिए (बरमा और कटिंग सैट निकलकर) ताकि किसी प्रकार खतरा न हे। औद्यगिक मीट ग्राइंडर सामान्य तौर पर उ फेज वाली मोटर से चलाए जाते है और इनमे घूमने की दिशा जरुर चैक कर लेनी चाहिए।

जब सामने से देखा जाए तो बरमा/फीडिंग बर्मा घड़ी की विपरीत दिशा में घूमन चाहिए। कटिंग सैट काटिंग किनारो वाले स्टार चाकुओ के साथ फीडिंग बर्मा के साथ जुड़े होते है जिनकी दिशा के विपरीत होती है। मशीन को पहली बार चलाने से पहले सभी भागो को अच्छी तरह से साफ और सुखा लेना चाहिए। मांस प्रंसस्करण कर्ताओ के लिए अच्छा विकल्प यह होता है कि सिस्टम में से कुछ साफ वसा देनी चाहिए ताकि मशीन हाउसिंग और कटिंग सैट से सारा ग्रीस निकल जाए।

ओपरेशन/कार्य

बार-बार सफाई की आवश्यकता के अतिरिक्त, ग्राइंडर के कटिंग सिस्टम को संगठित किया जाता है और समय के अनुसार प्रत्येक शिफ्ट और दिन मे खोला जा सक्ता है और एच्छिक कण आकार मे एडजस्ट किया जाता है निम्नलिखित बाते का ध्यान रखना चाहिए :

- ग्राइंडर प्लेट को बार-बार चैक करते रहना चाहिए ताकि सतह पर किसी प्रकार का नुकसान न हो। यह तभी सभंव है जब ग्राइंडर प्लेट को चिकना बनाया गया हो। यदि कोई नुकसान जैसे गड्डे या खरोचं दिखाई देते हो तो ग्राइंडर प्लेट को दोवारा तुरंत तैयार करना चाहिए।
- स्टार-चाकुओ को तेज करके रखना चाहिए। कटर को कटिंग वाले किनरो से तेज करना चाहिए। जिस सिस्टम में प्रतिशत वाले ब्लेड हो उन्हें तेज नही करने की जरुरत नही होती बल्कि उन्हे बदल देना चाहिए।
- खांचेदार ग्राइंडर प्लेट और कुन्द स्टार चाकूओ से कम कटाई होती है।
- अलग-अलग कटिंग सैट के पुर्जो को इकटठा नही लगाना चाहिए क्योंकि ये अलग-अलग कठोरता वाले पदार्थ के बने हो स्कते हो इससे प्लेटो में खाँचे पड़ सकते है और स्टार-चाकुओ का नुकसान हो सकता है।
- कटिंग सैट को अधिक कसना नही चाहिए ताकि घर्षण से अधिक ऊष्मा न पैदा

हे और यह अनवांछित ऊष्मा मांस मैं ना जाए।

- एक ग्राइंडर को खाली नही चलाना चाहिए क्योंकि यह चाकूओ और ब्लेडो को खराब कर सकता है।

ओद्योगिक ग्राइंडर में, विद्युत मोटर और ड्राइव शाफर को वी-आकार के बैल्ट से जोड़ा जाता है। इन बैल्टो को थोड़ी सर्विस की जरुरत होती है। इस बात का ध्यान रखना चाहिए कि बैलट मे तनाव उचित हो। यदि बैल्ट को अच्छी तरह कसा न गया हो तो इनमें कटाव हो सकता है और अधिक कसी हुई बैल्ट ज्यादा बिजली खाती है और मोटर या ड्राइवशाफ्ट को नुकसान पहुँचा सकती है।

सफाई :

ग्रांइडर सामन्य तौर कच्चे मांस और दुसरे उत्तको को मिन्स करने के काम आना है। मीट ग्रांइडर और उसके कटिंग भागो को अच्छी तरह साफ और समय-समय पर संक्रमण रहित करते रहना चाहिए ताकि उत्पादन चक्र के दौरान और अंत में स्वच्छ परिस्थितिया बनी है। सफाई करने के सबसे महत्वपूर्ण स्थान है बैरल के अंदर (मशीन के अंदर फीड बरमा) बचे हुए मांस और वसा के टुकड़ो को हाथ से निकलना चाहिए, उसके बाद अच्छी तरह धुलाई और सफाई तप तक करनी चाहिए जब तक सभी अवशेष साफ न हो जाए। ड्राइवशफर दिन जहां पर फीडिंग ऑर फसा होता है उसे बी ब्रश से साफ करना चाहिए और पर्याप्त पानी से धोना चाहिए। यहाँ पर सफाई के लिए उच्च दबाव वाले पानी का प्रयोग नही करना चाहिए क्योंकि यह रबड़ सील को काट देता है जिसमें ड्राइवशाफर पिन घूमती है। सफाई के बाद, बैरल को अच्छे सुखाना चाहिए, ताकि मैटल को जंग न लगे। ग्राइंडर प्लेटो की सफाई स्टोक के लिए विशेष चैतेज होता है क्योंकि इस बात का ध्यान रखना चाहिए कि सभी छेद अशुद्धियो से पूरी तरह साफ हो जाए। यह उन डिस्क के लिए काफी कठिन होता है जिनमें छोटे आकार के कई छिद्र होते है इनके लिए उच्च दबाव वाले पानी क्लीनर का प्रोयग करना चाहिए।

2) बाऊल कटर/बाउल चोपर

बाउल कटर सामान्य तौर प्रयोग होने वाला कटिंग उपकरण है जो लीन मीट और वसा के बहुत टुकड़े बनाने के लिए तैयार किया गया है। बाऊल कटर मे एक क्षैतिणीय घूमने वाला बाऊल होता है और भुड़े हुए चाकुओ का एक सैट होता है जो क्षैतिणीय धुरी पर उपाचार

५००० आर पी एम की उच्च १० से २००० लीटर तक होता है। छोटे या मध्यम आकार के प्रसंस्करण के लिए २० से ६० लीटर का आयतन सही होता है। बाऊल कटर के साथ एक थर्मामीटर लगा होना चाहिए जो चोपिंग के दौरान बाऊल मे मांस मिश्रण का तापमान दिखाता रहे। आधुनिक बड़े स्टर के बाऊल कटर में ऐसे यंत्र होते है जो निर्बात मे कार्य करते है जो मांस उत्पादो के रंग और बनावट को बनाने में मदद करते है और ये आस्सीजन को मांस मिश्रण से दुर रखते है और हवा को आने से रोकते है। अच्छी प्रकार कटाई के लिए मैकेनिकल यंत्र होते है। बाऊल कटर में चोपिंग की प्रक्रिया महीन कटे हुए उत्पादो के लिए प्रयोग की जाती है जैसे कि फ्रैंकफर्टर, बोलेग्ना, यकृत सोसेज आदि और प्रसंस्ककर्तायो को अधिक विस्तृत उत्पाद प्रदान करवाता है।

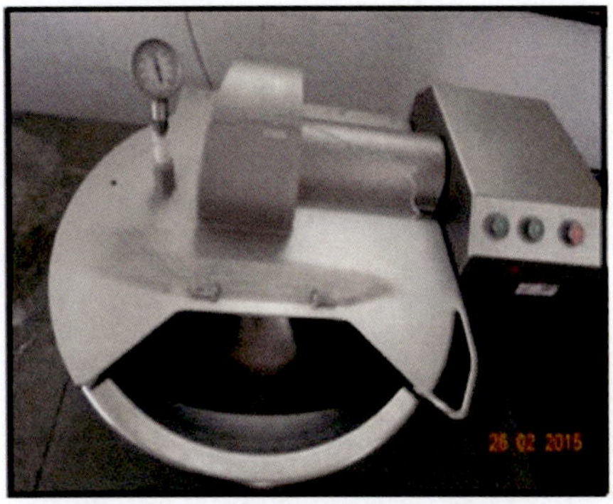

छोटा १५ लिटर बाऊल कटर,
एकल फेज मोटर

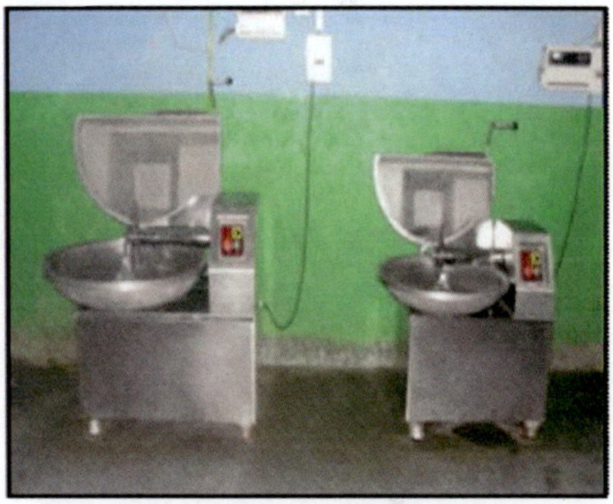

बड़ा ५० लिटर बाऊल कटर,
तीन फेज मोटर

चोपिंग हेतु मांस से भरा बाऊल कटर

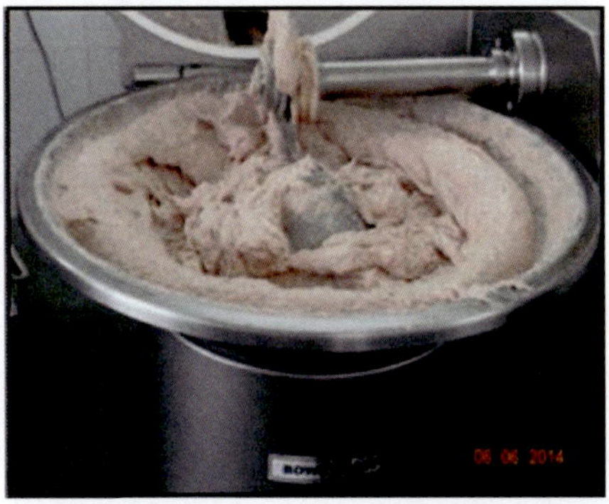

मांस इमलशन के साथ बाऊल कटर

संस्थापन

छोटे टेबल मॉडल मशीन एकल फेज वाली विद्युतीय शक्ति से चलती है। उपकरण को सामान्यतर एक उचित भेज पर स्थापित किया जाता है। ऑपरेटर को यह सुनिश्चित कर लेना चाहिए कि सभी–चाकु उचित स्थान पर लगे है और पूरी तरह से कसे हुए है। विद्युत की आपूर्ति से जोड़ते ही बाऊल कटर काम करने लगता है। दुसरे विवरण बड़े मॉडल की तरह होते है और निम्नलिखित पैराग्राफ में वर्णित है। बड़े बाऊल कटर (फर्श मॉडल) को क्षैतिज पर बाऊल के रीम के अनुसार स्थापित करना पड़ता है, रबड़ वाले पैरो का प्रयोग करके। रबड़ पैरो को मैटल बोटर से प्रतिस्थापित नही करना चाहिए, क्योकि ये बाऊल कटर को अच्छी तरह चलने में मदद करते है। चाकुओ (ब्लेडो) को बताई गई नीति के अनुसार फिर किया जाता है और अच्छी तरह कसा जाता है। कम गति पर कुछ राउंडअस के बाद, चाकू को दोबारा कसकर बांधना चाहिए। चाकू के हैड से अवांछनीय कम्पन को दूर करने हेतु बाऊल कटर चाकू संतुलित होना चाहिए। बड़े बाऊल कटर में बड़े चाकू संतुलन के साथ काम लाए जाते है।

आप्रेशन

बाऊल कटर में कोई भी धातु या सख्त सामान नहीं होना चाहिए। सभी नट, बोल्ट तथा पेचों को चैक करना चाहिए, खासकर कवर की तरफ। कट आऊट स्वींच को देखते रहना चाहिए। कम्पन से थर्मोमीटर खराब हो सकता है इसलिए इसे भी देखते रहना चाहिए। उपकरण में सावधानियों के अनुसार सभी जगहों पर ग्रीस या चिकना पदार्थ लगाना चाहिए। आमतौर पर चाकू के साकट में मासिक तथा मोटर साकट में छह: मासिक ग्रीस लगाना चाहिए। ग्रीयर बाक्स में तेल को प्रति छ: मास में बदल देना चाहिए।

सफाई

सावधानियों के साथ चाकूओं के बीच सभी बचे हुए अवशेष साफ करने चाहिए। इसके लिए हैडल वाले ब्रश का प्रयोग करना चाहिए। रोटेटिंग बाऊल, पैडल तथा चाकू साफर के बीच बड़े ध्यान से सफाई करनी चाहिए। चाकू हैड को डीसमैन्टल करके साफ करना चाहिए। नमी तथा घटिया सील के दुष्प्रभाव होते है। जोरदार पानी से स्वीचों को बचाना चाहिए। प्रोटेक्शन लिडस और वैक्युम के सामने वाले हिस्से पारदर्शी प्लासटिक के बने होते है, इनकी सफाई होनी चाहिए ताकि आराम से दिखाई दे।

(3) सोसेज फिलर / सोसेज स्टाफअर

ये उपकरण सभी तरह के मीट बैटर जैसे केसिंग, ग्लास जार, कैन इत्यादि को भरने के काम आते है। आमतौर पर इसके लिए पिस्टन टाईप की मशीन काम लाई जाती है। पिस्टन मांस को नोजल में से कन्टेनर के अंदर डालना है। ये उपकरण मेज पर या फर्श पर रखने के प्रकार के कान्टीन्यूअस वैक्यूम स्टाफअरस आधुनिक फिलिंग मशीनों में काम लाए जाते है। पूर्ण उत्पाद में से हवा निकाल दी जाती है ताकि रंग और टैक्सटचर अच्छा हो। ये उपकरण पोरसिनिंग तथा घुमावदार तथा केसिंग हिस्से रखते है जिससे की फोलडिड, बिना कटी हुई कोलाजन तथा प्लास्टिक केसिंग भर सके। ये उपकरण महंगे होते है तथा छोटे से मध्यम आप्रेशन में काम नहीं लाए जाते।

मैनअल सोसेज स्टफर (५ लिटर)

हाइड्रूलिक सोसेज स्टफर (१० लिटर)

पिस्टन स्टफर (२० लिटर)

इनसटालेशन

हाइड्रुलिक सोसेज स्टफअरस को फर्श पर रखा जाता है। कनेक्ट करने से पहले वोल्टेज, बारम्वारता तथा शक्ति को जांच लेना चाहिए। हाइड्रुलिक टैक में तेलके लेबल को जांच लेना चाहिए ताकि सूखापन व कम दाब न हो।

आप्रेशन

चलाने से पहले सही आकार के लिडव फनअल तथा पिस्टन में रबर गैसकेट फिट हो। वांछनीय लेबल तथा हाइड्रुलिक तेल होना चाहिए। यदि तेल टूटने लगे (सफेद इमलश्न या टैंक के तल पर पानी), तो इसको बदलना चाहिए ताकि पम्प खराब न हो।

सफाई

पूरे सिलेडंर की सफाई हेतु पिस्टन को बाहर निकालना चाहिए। पिस्टन व गैसकेट को अलग करके अवशेष निकालने चाहिए। सिलेंडर के तर पर छिद्र से पानी निकाला जाता है। कीप को ब्रश से साफ करना चाहिए और एक सिकुड़ कागज से कीप को साफ करे। इस सफाई से मिले बचे हुए मीट अवशेषों को दोबारा परचक्रण किया जा सकता है। उसके बाद गिली सफाई कीप ब्रश से की जाती है।

(4) कलिपिंग मशीन

ये उपकरण सोसेज सिरों पर छोटी एल्यूमिनीयम की सीलिंग कलिपस रखती है। इन्होंने हस्त टाइंग सोसेज की जगह ली है। कलिपिंग मशीनों को फिलिंग मशीनों से जोड़ना चाहिए, इस तरह की मशीनों में केसिंग ब्रेक होते है जिससे केसिंग में टाइट फिलिंग होती है। तब भरे हुए केसिंग के टुकड़े कलिप किए जाते है। डबल कलिपिंग मशीनों में एक दूसरे के आगे कलिप होने से सोसेज के हिस्सों का आसानी से अलगाव होता है। टाइट फिटिंग से कैसिंग की वेस्टेज को कम किया जा सकता है। खासकर कलिसिंग मशीनों को बड़े स्तर पर सम्पीड़ित वायु से चलाया जाता है। मध्यम अवस्था हेतु हस्त चलित मशीने उपलब्ध होती है।

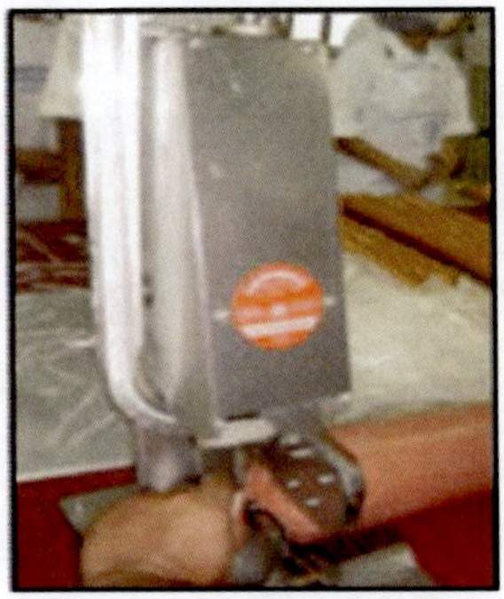

कलिप रेलस के साथ हस्तचलित सोसेज कलिपिंग मशीन

(5) बरीन इन्जेक्टर

इससे मीट में बरीन डाला जाता है। बरीन में घुले हुए साल्ट, क्यूरिग पदार्थ (नाइट्राईट) एडिटिव (फास्फेट, मशाले, चेनी, काराग्रीन, सोया प्रोटीन) होते है। मांस में नुकीली सूइयों से बरीन डाला जाता है। यह यंत्र खासकर हैम, बैकोन तथा पूर्ण मांसपेशी हेतु काम में लाते है। ये यंत्र हस्त चलित एक सूई से अर्धस्वचलित 32 सूइयों तक के उपलब्ध है। बड़े स्तर पर ताजे मांस में बरीन की मात्रा दाब तथा गति से पता की जा सकती है। प्रत्येक कार्य के बाद इस यंत्र के हिस्सों की सफाई की जानी चाहिए। काम में लाने से पहले सभी होज तथा सूइयों को गर्म पानी से धोना चाहिए नहीं तो सूईयां बंद हो सकती है। इसके अलावा कसे हुए मांस के टुकड़ों में सूक्ष्मजीवी भी पैदा हो सकते है।

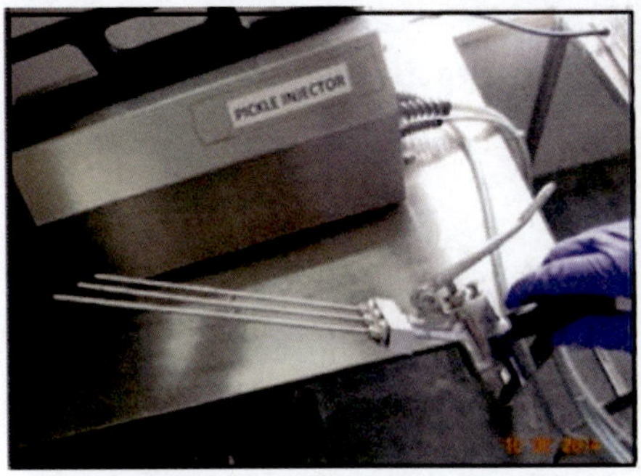

बरीन इन्जेक्टर, पम्पचलित बहुसूईय यंत्र (छोटे टुकड़ो हेतु)

बरीन इन्जेक्टर, पम्पचलित बहुसूईय यंत्र (बड़े टुकड़ो हेतु)

(6) टम्बलर या मसाजर

पूर्ण मसल तथा रिकान्सटीटयूटिड हैम के लिए टम्बलर का प्रयोग किया जाता है। ये यंत्र ककरीट मिक्सचर की तरह दिखाई देते है। घूमने वाले ड्रम के स्टील के पैडल धीरे-धीरे मीट के टुकड़ों को चलाकर उन पर मैकेनिकल मसाजिंग प्रभाव डालते है। इसमें नमक तथा फास्फेट डालने बरीन का संतुलन होने से मांस प्रोटीन बाहर आते है। सेमी-तरल होने से मांस के हिस्से ऊष्मा प्रभाव उपरान्त अच्छी तरह जुड़ने लगते है। सफाई हेतु टम्बलर को 1 डिग्री सेलसियास से नीचे के तापमान पर रखें ताकि सूक्ष्मीजीवी पैदा न हो। कई बार खास उद्देश्य से टम्बलर को -1 डिग्री से.ली. ताप से नीचे चलाना चाहिए क्योंकि इस तापमान पर मांस प्रोटीन अच्छी तरह से बाहर आते है।

वैक्युम टम्बलर

टम्बलर के अन्दर वैक्युम बनाना

(7) वैक्युम पैकिंग मशीन

वैक्युम बैग (बहुपरतीय कृत्रिम बैग) में मीट उत्पाद को रखकर वैक्युम मशीन से हवा बाहर निकालकर बैग को सील कर दिया जाता है। गैस फलशिग में हवा बाहर निकालने के बाद गैसों का मिश्रण डाल दिया जाता है, जिससे की जीवाणुओं की वृद्धि नहीं होती तथा मीट का रंग बना रहता है। गैस मिश्रण में मुख्यत: कार्बन-डाई-अक्साइड तथा नाइट्रोजन होती है।

वैक्युम पैकेजिंग मशीन

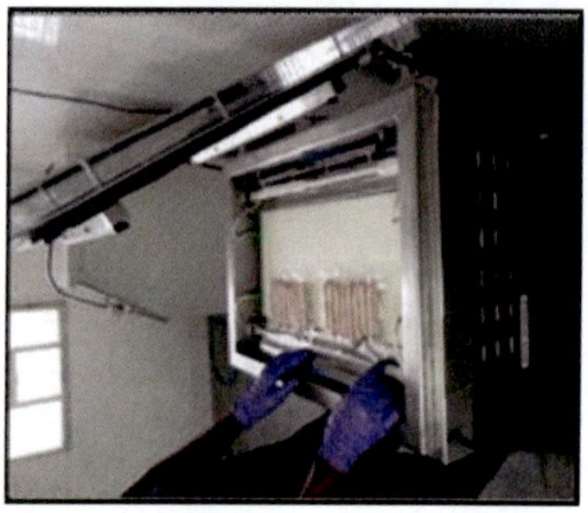

वैक्युम पैकेजिंग के बाद उत्पाद

(8) आईस फलेकिग मशीन

पोटेबल पानी से लगातार बर्फ बनाई जाती है। कुछ मीट उत्पादों के प्रसंस्करण में बर्फ को जरूरत होती है। बर्फ की दशा में पानी प्रोटीन के सोल्युशन को बनाता है तथा मीट का तापमान कम रखता है। अत:निर्मित अल्ट्रावाइलेट डिसइन्फेक्शन से आइस फलेकर में बर्फ बनाई जाती है।

बर्फ बनाने वाली मशीन

बर्फ के साथ बर्फ बनाने वाली मशीन

(9) फ्रोजन मीट कट्टर

यह यंत्र मीट ब्लोक्स को छोटे-छोटे टुकड़ों में काट देता है ताकि बिना पूर्व थांइग के उनको फ्रीज किया जा सके। ये दो प्रकार के होते है जैसे खड़ी दिशा गुलाइलोटाइन में चाकू तथा घुमावदार ड्रम में चाकू । गुआइलोटाइन में चाकू का हैड हाइड्रुलिक होने के कारण सख्त से सख्त फ्रोजन उत्पाद को छोटे टुकड़ों जैसे क्यूब या स्ट्रीपस में काट देता है। घुमावदार कट्टर फ्रोजन मीट ब्लोक्स से कारङ्कवग सिद्धान्त पर काम करता है। घुमावदार ड्रम में चाकू से बड़े मीट के टुकड़ों को बड़ी हथेली से छोटी चीप तक के आधार तक काटा जा सकता है।

10. स्मोक हाउसिज

साधारण स्मोक हाऊसिज केवल स्मोङ्ककग के लिए ही काम लाए जाते है। आधुनिक मीट औद्योगिकी में इंगित तरीके अपनाए जाते है।

सा-डस्ट की बर्निंग/स्माऊलडंरिग : आधुनिक हाउस में विद्युत या ज्वलनशील गैसों से स्मोक चैम्बर से बाहर स्मोक पैदा किया जाता है। अलग स्मोक जैनेरेटर से स्मोक की गुणवत्ता तथा तापमान को नियंत्रित किया जाता है। सा-डस्ट या चीप पदार्थ रिस्पटेकल से बृनग क्षेत्र की तरफ स्टीरर या सेकर से भेजा जाता है। यह विद्युतीय प्लेट या ज्वलित गैस

से जलाया जाता है। स्मोक स्टीरर मूलभूत रूप से ठंडे पानी को स्प्रे होता है जिसे पाइप के शुरू के हिस्से में रखकर स्मोक की प्यूरिटी बढ़ाई जाती है। सा-डस्ट के थर्मल डीस्ट्रक्शन (23-4 डि.से.) वांछनीय प्रकार का स्मॉक पैदा किया जा सकता है। फिर पाइप में जैनेरेटर से चैम्बर तक स्माक भेजा जाता है। जला हुआ सा-डस्ट नीचे इकट्ठा हो जाता है।

स्मोक भाप के द्वारा : सम्पीड़ित सा-डस्ट के भाप से डीस्ट्रक्शन (3 डि.से.) से स्माक पैदा किया जाता है। पर्याप्त मात्रा के तापमान से नियंत्रित स्मोक पैदा किया जाता है। टार या एस की गंदगी स्मोक में कम होती है। भाप का स्मोक बहुत जल्दी सम्पीड़ित होकर अच्छी तरह से सोसेज उत्पादों के अन्दर जाकर वांछनीय रंग तथा महक देता है। चिमनी से कोई कनेक्शन की जरूरत नहीं होती क्योंकि स्मोक कण उत्पाद के अन्दर नहीं जाते। सम्पीड़ित पानी इफ्लूयन्ट माध्यम से बाहर आ जाता है। अन्य सिस्टम इस प्रकार है सा-डस्ट हेतु होपर व कन्वेयर, स्मोक चैम्बर व एश हेतु स्मोक नलिका।

कम्बाईनड उपकरण : आधुनिक सुविधाओं में स्मोङ्क्कग, कुङ्क्कग तथा कूङ्क्लग मीट उत्पादों में साथ-साथ किए जाते है। स्वचलित स्टीरिग आयाम से स्मोक, तापमान (1 डि.से.) तथा नमी (1 प्रतिशत तक) किसी भी उत्पाद को सूखाने, स्मोङ्क्कग अथवा भाप के लिए आवश्यक है। किण्वित सोसेज तथा कच्चे हेम उत्पादों हेतु अतिरिक्त किण्वत या राइपङ्क्नग कमरा चाहिए ताकि वायु तापमान तथा नमी को अच्छी तरह नियंत्रित किया जा सके।

स्मोक आवन

स्मोकिंग के बाद उत्पाद

(11) बैंड सा / बोन सा : अधिकतर दुकानों में तथा मीट आप्रेशनस में कारकास को तोड़ने हेतु बैंड सा का प्रयोग किया जाता है। प्रसंस्करण में यह फ्रोजन उत्पादों को काटने में प्रयोग लाई जाती है। ये स्टेनलेश स्टील की बनी होती है। तथा मेज या फर्श माडल में मिलती है। दो बड़े चक्रों पर बैड सा के ब्लेड चलते है। घूमते हुए चाकू का केवल एक छोटा-सा दिखाई देता है जो कि मेज से ऊपर जिस पर पदार्थ को काटते है।

बंद बैड सा/बोन सा

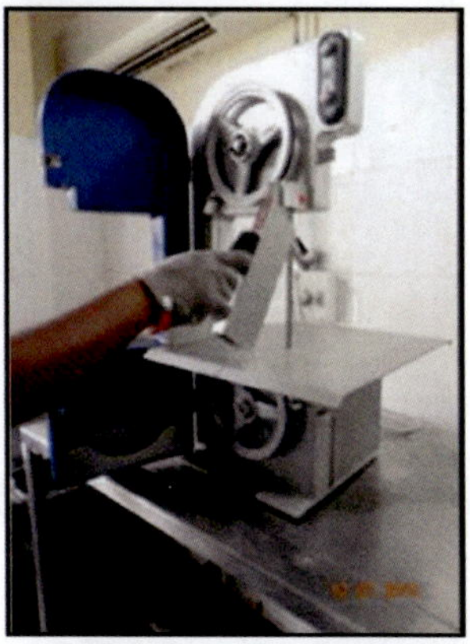

खुली बैड सा/बोन सा

12. कुकिंग के बर्तन

(क) कुकिंग वैट

हीटीग कोअलस के साथ डबल जैकटीड के साथ यह यंत्र हमरशन कुङ्ककग (सोसेज) तथा भाप कुङ्ककग (फोर्मड हैम) हेतु प्रयोग लाया है। आधुनिक यंत्रों में वांछनीय तापमान होने पर स्वचलित तथा स्वबंद विधि में थर्मो नियंत्रक का प्रयोग करते है। प्री कुकड कच्चे पदार्थ तथा पाश्च्यूराइजड मीट उत्पाद (सोसेज, हैम) हेतु कुङ्ककग वैटस का प्रयोग किया जाता है। छोटे आधार पर साफ पानी को गर्म करने हेतु बिना गर्म पानी के पाइप इनका प्रयोग किया जाता है। जब इनका प्रयोग न हो तो खड़े पानी को आऊटलैड से बाहर करना चाहिए। गैस तथा तेल फायलस वैटस में बृनग पदार्थ तथा आग को जल्दी-जल्दी चैक तथा साफ करना चाहिए। अधिकतर वैटस नियंत्रण हेतु थर्मोस्टेट का प्रयोग करते कुकिंग के समय थर्मोस्टेट के संवेदक को पूरी तरह ढककर पानी के साथ लगने से बचाना चाहिए अन्यथा गलत रीङ्कडग आती है। पर्याप्त पानी हो से ही कुङ्ककग वैट को गर्म करना चाहिए अन्यथा स्टेनलेश स्टील की दीवार खराब हो सकती है।

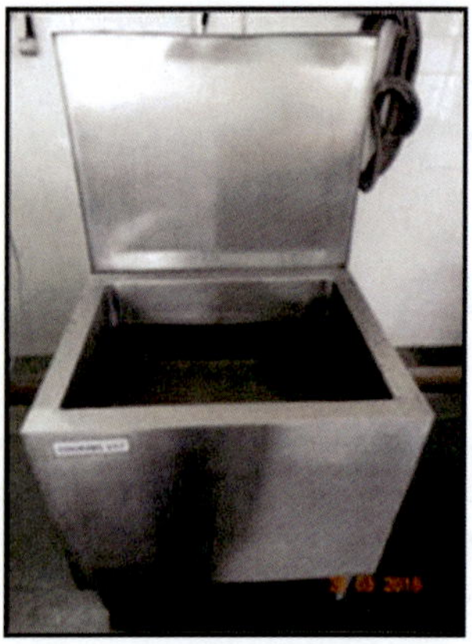

कुकिंग वैट | **कुकिंग हेतु फ्रैकफर्टर के साथ**

(ख) हाट एयर ऑवन

ड्राई हीट के अन्दर गर्म किए जाने उत्पादों (पेटीज/बर्गर, कबाब इत्यादि) हेतु हाट एयर आवन काम में लाया जाता है।

हाट एयर ऑवन | **कुकिंग हेतु डाली गई पैटिज**

13. पर्सनलस हेतु उपकरण

मीट व मीट उत्पादों का कपड़ों, जूतों, हाथों या सांस से सीधा संपर्क कम करने हेतु स्वच्छता तथा बचाव के उपकरण काम लाए जाते है। कुछ उपकरण तथा कपड़े, बूट कर्मचारियों को दुर्घटनाओं से बचाते है।

(क) स्वच्छता के उपकरण व पदार्थ

प्रोटेक्टिव कपड़े : कर्मस्थान, पदार्थों तथा स्ट्रीट कपड़ों के उत्पादों की गदंगी से बचाने हेतु प्रोटेक्टिव कपड़े पहनने चाहिए। एक पिस आवरआल या दो पिर सेट पूरे शरीर को ढकने हेतु काम लाने चाहिए। कुछ जगहों पर केवल आवरकोटस ही काम लाए जाते परन्तु इनमें ट्राऊजर/स्कर्ट नहीं ढकी जा सकती।

हैड गियर : टोपी तथा हेयरनेट पहनने से मानव शरीर से उपकरणों पदार्थों तथा उत्पादों पर बाल गिरने से बचाए जा सकते है।

दस्ताने : पदार्थों तथा उत्पादों के साथ सीधे सम्पर्क को रोकने हेतु लैटेक्स दस्ताने पहनने चाहिए। ये खासकर पैकेङ्क्षजग में ताजे तथा प्रसंस्कृत उत्पादों में जरूरी होते है।

गम (रबर) या प्लास्टिक बूटस : स्टाफ को नमी से बचाने हेतु इनका प्रयोग किया जाता है। इनका तलवा फिसलने योग्य फर्श पर मजबूती से पकड़ बनाने वाला होना चाहिए। डर्ट को आसानी से देखने योग्य हेतु ये सफेद रंग के होने चाहिए।

प्लास्टिक एपरन : ये कर्मचारियों को नमी, मांस तथा वसा से बचाने हेतु पहने जाते है। प्लास्टिक एपरन पर्याप्त मात्रा में लंबे हो ताकि बूट तक पानी आराम से रिनस हो सके।

(ख) सुरक्षा के यंत्र

1. सुरक्षा एपरन : मीट आप्रेशनस में 5 प्रतिशत से अधिक चोटें चाकुओं से होती है, खासकर जब डीबोङ्क्षनग से समय जब शरीर की तरफ चाकू चलाया जाता है। इन चोटों से बचाने हेतु सुरक्षा एपरन पहना चाहिए। ये टाईट एस.एस. के छल्लों की मैश या ऊपरी-तलवी एल्यूमिनियम चिपस के बने होते है। मैश में अवांछनीय मीट और फैट को चिपकने से बचाने हेतु सुरक्षा एपरन को प्लास्टिक एपरन के नीचे पहनते है।

2. सुरक्षा दस्ताने : डीबोङ्क्षनग तथा कङ्क्षटग के समय हाथों को बचाने हेतु सुरक्षा दस्ताने जरूरी होते है। ये दस्ताने एस.एस. मैश के छल्लों के बने होते है तथा ये कलाई तक की लम्बाई के होने चाहिए। मीट व वसा के अवशेषों से बचाने हेतु इनके ऊपर लेटेक्श दस्ताने पहनने चाहिए।

3. सुरक्षा हेल्मेट : जिन स्थानों पर पदार्थों के गिरने का डर रहता है वहां पर सख्त प्लास्टिक के सुरक्षा हेल्मेट पहने चाहिए। आवरहैड रेस तथा सैलवड स्टोर रूमस में ये बहुत जरूरी होते है।

स्वच्छता तथा सुरक्षा के मैटिरियल

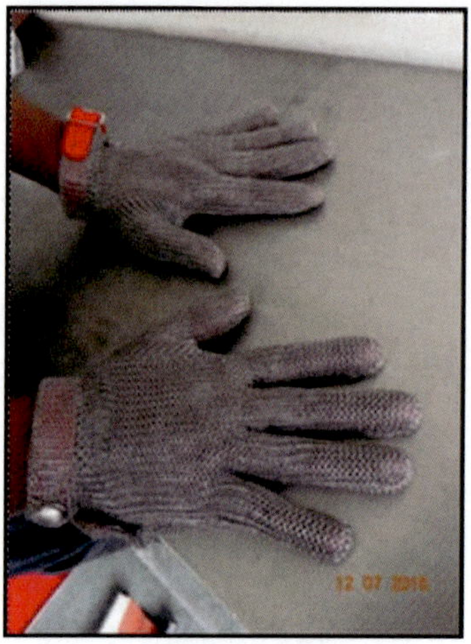

धातु के दस्ताने

(14) चाकू

विभिन्न आप्रेशनों के कारण मीट क्षेत्र में विभिन्न उद्देश्यों हेतु विभिन्न प्रकार के चाकू काम लाए जाते है। चाकू बलिङ्कडग, फलेइंग, इविशेरेशन, डीबोङ्कनग, कङ्कटग, स्लाईङ्कसग इत्यादि हेतु प्रयोग किए जाते है। ये सभी चाकू विशेष प्रकार के होते है। ये चाकू कच्चे पदार्थ तता केङ्कसग को भी काटते है। ये चाकू मूलभूत सुरक्षा गुण जैसे प्लास्टिक हैंडल, सख्त व सुरक्षित पकड़ तथा न फिसलने वाले सतह के होने चाहिए। प्लास्टिक हैंडल साफ रखने चाहिए तथा पीछे एक नाब हो जो कि फिसलने न दे। यह ध्यान रखने योग्य बात होती है कि न तो कर्मचारी को नुकसान हो ओर न ही चाकू को। मीट कङ्कटग के समय जल्दी-जल्दी चाकू को साफ करें ताकि क्रास-कन्टमीनेशन न हो। अवांछनीय टूट तथा चोट से बचाने हेतु चाकूओं को पूरी तरह पैना कर रखना चाहिए। घिसे हुए चाकू से ज्यादा बल तथा फिसलने का डर रहता है जिसके कारण जल्दी थकावट तथा कम गति हो जाती है। चाकू का आकार भी मीट आप्रेशनस में बहुत महत्वपूर्ण होता है। थोड़ा-सा उभरा हुआ कङ्कटग किनारा होने से अच्छी पकड़ तथा समान कङ्कटग करता है। सीधे या अवतल कङ्कटग किनारे वाले चाकू बहुत पतले होते है जिनमें छोटे करके हो जाते है तथा बल भी ज्यादा लगता है।

चाकू को पैना करने की विधि में स्पेशल यंत्र का प्रयोग किया जाता है। यह यंत्र (सैंड पेपर एबरेसिव बेल्ट, सैंड पेपर फ्लेंप व्हील, घुमावदार पत्थर) आवा-जाही हवा, वाटर कूलड क्षेत्र

में मध्यम गति पर चलाना चाहिए। आवा-जाही हवा क्षेत्र में चाकू प्राय गर्म होकर टूट जाते है। कार्य के दौरान, चाकूओं को नियमित रूप से विशेष स्टील में वेटिड करना चाहिए। इन स्टील को सारपङ्गनग स्टील कहते है परन्तु केवल वोङ्कटग हेतु केवल (चाकू के सिरे की पोलिङ्कशग)। सावधान रहें कि केवल सुरक्षा हैडल वाले स्टील (नाब टाईप) ही काम लाए जाए। वेङ्कटग के समय स्टील को सख्ती से पकड़े तथा दूसरे हाथ में चाकू पकड़े। स्टील वाले हाथ को स्टेटिक रखें। चाकू की पकड़ से ब्लेड को स्टील को एलोंग टीप तक हैडल की तरफ मूव करें। इस मूव के दौरान चाकू का सिरा पूरी तरह से स्टील के ऊपर चलता है। यह मूव कई बार दोनों सिरों पर कई बार किया जाता है। चाकू को हमेशा साफ सुथरा तथा सुरक्षित जगह पर रखना चाहिए ताकि अचानक चोट न हो।

विभिन्न प्रकार के संहार तथा प्रसंस्करण आप्रशेन हेतु चाकुओ का जत्था

15. मीट क्षेत्र में प्रयोग किए जाने वाले हुकस

मीट क्षेत्र में आमतौर पर दो प्रकार के हुकस काम लाए जाते है। स्लाटरहाऊस या कारकास हुक कारकास को टांगने तथा चलाने हेतु प्रयोग लाए जाते है। इनका डिजाइन रेलस के प्रकार (पाईपदार, समतल बार) पर निर्भर करता है। ये हैवी ड्यूटी हुकस रेलस के एलोंग स्लाइङ्कडग या मूङ्कवग हेतु होते है। मीट सोप हुकस मीट के टुकड़ों या सोसेजिज को टांगने हेतु काम लाए

जाते है। चोट से बचाने हेतु हुकस का ऊपरी हिस्सा हमेशा फ्लैट रखा जाता है। निचला फ्लैट हिस्सा सोसेज हुकस हेतु जबकि मीट हुकस का सारप टिप रखा जाता है जिससे की मीट के टुकड़े के अन्दर टीप को डालकर लटकाया जा सके।

संहार घर के हुकस

मांस दुकान के हुकस

मूल्यवर्धित एवं प्रसंस्करित पोर्क उत्पादो के कुछ चित्र

फ्रैंकफर्टर

कोकटेल

स्लाइस

सलामी

नगेटस

बाईटस

इनरोबड नगेटस

कबाब

कोफता/मांस बॉल

स्लाईसिस-पुनः संग्रहित

बाईटस-पुनःसंग्रहित

मोमो